佛山科学技术学院学术著作出版资助基金

高校德育实践研究

苏少丹◎著

中国纺织出版社有限公司

图书在版编目（CIP）数据

高校德育实践研究 / 苏少丹著. --北京：中国纺织出版社有限公司，2022. 1（2024.2重印）

ISBN 978-7-5180-9275-8

Ⅰ. ①高… Ⅱ. ①苏… Ⅲ. ①高等学校—德育—研究—中国 Ⅳ. ①G641

中国版本图书馆 CIP 数据核字（2022）第 003226 号

责任编辑：郭　婷　　责任校对：王花妮　　责任印制：储志伟

中国纺织出版社有限公司出版发行
地址：北京市朝阳区百子湾东里 A407 号楼　邮政编码：100124
销售电话：010—67004422　传真：010—87155801
http://www. c-textilep. com
中国纺织出版社天猫旗舰店
官方微博 http://weibo. com/2119887771
北京兰星球彩色印刷有限公司印刷　　各地新华书店经销
2022 年 1 月第 1 版　2024 年 2 月第 2 次印刷
开本：710×1000　1/16　印张：11. 75
字数：180 千字　定价：69.80 元

前言

立德树人，是高校的根本任务。高校德育工作的开展，贯穿于教师教书育人、为人师表，学生探索求知、生活实践的全过程。“育人为本，德育为先”，改革开放以来，我国高等教育事业不断壮大，德育工作也在实践中不断积累经验，形成富有规律性、创造性与实效性的德育工作体系。德育工作是一项系统工程，对德育内涵、德育价值、德育目标、德育实践等的系统认识，是高校德育工作者的基本素质要求。

坚持正确的方向是高校德育发展的基础。恩格斯曾经指出：“一切以往的道德论归根到底都是当时的社会经济状况的产物。而社会直到现在是在阶级对立中运动的，所以道德始终是阶级的道德。”[1] 明确正确的政治方向，强调社会主义意识形态的重要性，是确保德育工作在正确的方向指引下有效开展的根本。

德育价值是高校德育工作的目的旨归。“德育价值，是指作为德育价值客体的德育实践活动以及其所内蕴的德育功能能够满足德育价值主体内在道德需要的一种属性。”[2] 高校德育工作的开展，应当明晰德育价值。归

[1] 马克思恩格斯选集，第3卷［M］. 北京：人民出版社，1995：435.

[2] 张典兵，牛骅. 论高校德育价值及其实现［J］. 现代教育科学，2014（2）：18.

根到底，则是思考客体如何满足主体的问题。大学生是高校德育工作的主体，新时代的大学生，其成长环境、身心特点都带有时代特征，这使高校德育工作面临着新的挑战。德育实践活动及其蕴含的德育功能，能够满足大学生在时代环境下内在的道德需要，使之成为有道德认知、道德行为之人，这是德育工作的价值所在。

德育实践是高校德育目标内化外形的桥梁。实现德育目标，是高校开展德育工作的落脚点。目标的实践依托于相应的道德实践，道德实践通过不同的维度与方式，将道德目标逐步内化为主体的思想意识和外形为主体的实践行为。德育实践并非是一个抽象的概念，而应该具体化为明确的实践活动。高校德育实践贯穿于大学生的学习与生活、现实环境与网络环境、第一课堂与第二课堂、思想感知与行为规范，等等。本书以高校德育实践工作经验为基础，贯穿大模块形成高校德育实践研究的脉络，包括爱国主义教育、自觉纪律教育、社会道德教育、心理健康教育、职业规划教育以及德育教学模式创新。

爱国主义教育，以大学生党史教育以及党团共建为主要内容，旨在提供大学生党史教育以及党团共建教育的工作思路；自觉纪律教育，探索文化视域下大学生廉洁教育路径，以及引导大学生网络意识形态教育的实践探索；社会道德教育，对当前大学生道德认知困境、道德话语的现状进行探讨，提出相应的德育实践启示。心理健康教育，以自主化心理健康教育、积极心理学的实践应用、朋辈机构的实践应用，为高校心理健康课程教学与实务工作提供创新性模式；职业规划教育，对大学生职业理想的内涵、特点、教育对策等进行系统论述，并构建大学生职业规划体系；媒介素养教育，回应自媒体时代环境特点，提出德育工作挑战、探索网络谣言传播并构建自媒体时代学生工作的创新模式；德育教学模式创新，则以特殊载体、特殊技术为创新点，提出思想政治理论课、心理健康教育课程教学的新尝试。

高校德育工作，伴随高等教育事业发展而行，并随着时代环境变化与大学生身心发展规律而不断创新发展。高校德育工作研究，基于理论与实践的结合、主体与客体的平衡、传统与现代的取舍、认知与行动的协调等，是一项系统的、复杂的研究过程。本书主要从作者实际工作经验出发进行德育实践工作的梳理，其理论性与系统性仍需进一步提升。但作为一线德育工作者，我们将自身的工作经验与心得体会进行凝练，也是对自身工作价值的肯定。我们始终牢记“立德树人”这一工作使命，希望以文字记录德育工作实践，鼓励自己的同时，也与扎根于高校德育实践工作的同行共勉。

本书作者为高校一线德育工作者，在大学生道德教育、心理健康教育、职业规划教育、自媒体创新教育等方面，有着丰富的、直接的工作经验。作者基于实务工作，进行思考与理论提升，形成相应的德育实践体会。本书由苏少丹主要撰写及统稿，此外，吕欢完成第四章第三节、第七章第三节，李卓琳完成第四章第二节、第六章第三节，邓彩霞完成第四章第一节，黄炤羿、王俊雅完成第一章第二节，游翘楚完成第四章第四节，陈粤斌完成第五章第一节。

本书的完成，是集体努力的结果。佛山科学技术学院学术著作出版资助基金为本书的出版提供了资金支持，广东高校网络思想政治工作中心、佛山科学技术学院法学与知识产权学院为本书提供了指导意见，对此表示衷心感谢。本书虽经多次修改，仍难免有疏漏和差错之处，敬请批评指正。

苏少丹

2021 年 10 月 9 月

目 录

第一章 爱国主义教育

《中共中央关于加强和改进党的群团工作的意见》中明确指出，“中国特色社会主义群团发展道路是群团组织与时俱进、发展壮大的必由之路；加强党委对群团工作的组织领导，推动群团组织改革创新、增强活力，是新形势下加强和改进党的群团工作的重要内容”。高校党建带团建是坚持党的领导的基本要求，党团共建工作是连接党团组织的桥梁和纽带。大学生党史教育、廉洁教育、意识形态教育以及党团共建的思政育人体系构建，是高校开展党团共建工作的核心内涵。

第一节　知史明鉴——大学生党史教育实践

2021 年 2 月 20 日，习近平总书记出席党史学习教育动员大会，深刻阐述开展党史学习教育的重大意义，要求全党同志做到“学史明理、学史增信、学史崇德、学史力行，学党史、悟思想、办实事、开新局，以昂扬姿态奋力开启全面建设社会主义现代化国家新征程，以优异成绩迎接建党一百周年”。中国共产党百年发展史，是党带领全国人民摆脱屈辱、反抗压迫、引领中国特色社会主义道路的伟大征程。“育才造土，为国之本”，高校是培育社会主义接班人和建设者的主阵地，加强大学生党史教育，立足理论、创新途径、激发活力、开拓资源，是时代环境对高校党史教育提出的新要求。深入开展大学生党史教育，实现历史与现实、理论与实践、严谨与生动、静态与动态的有机统一，对于增强大学生理想信念，引导大学生在纷繁复杂的国际环境与社会现象中明辨是非，爱党爱国，为实现中华民族伟大复兴而努力奋斗，具有重要的意义。

一、立足党史教育理论，夯实历史文化基础

中国共产党历史是一笔宝贵的教育资源。“以史为镜，方能明鉴”，大学生有必要深入、系统地了解党的发展历史，积淀理论基础，挖掘价值内涵，作为其行动向导。习近平总书记指出：“历史是最好的教科书。学习党史、国史，是坚持和发展中国特色社会主义、把党和国家的各项事业继续推向前进的必修课。这门功课不仅必修，而且必须修好。”高校思想政治理论课程、教材，是引导学生系统学习中共党史这门必修课的主心骨。为此，高校应重视思想政治理论课程建设，一方面，从课程设置、师资力量、教学资源等方面为学生的学习活动构建基础；另一方面，推进教学方式和考评方式的改革创新以调动学生学习兴趣，提高学习成效。此外，开设党史相关选修课程、举办主题党课、主题讲座等，深化、丰富、拓宽党史教育内容，也是大学生进行党史理论学习的有力补充。

二、依托党建教育基地，营造红色文化氛围

教育基地为教育活动提供直接体验的场域，可对参与者起思想启发及情绪感染的作用。大学生党史教育活动可依托党建教育基地，营造红色文化氛围，在环境熏陶与实践体验中，深化大学生对党史的感知与体悟。一方面，高校内部可建设党建教育基地，创造情景式党史教育环境。通过党史教育基地建设（如党史展示馆、党史 VR 体验馆），搭建学校党史教育的主活动空间，为学生学习党史提供直接的、立体化的场所；通过学校党建

活动中心建设，为主题党课、党建学术报告、专题讲座提供学习与交流互动的空间；此外，高校二级学院可建设党建工作室，为学生党支部提供支部民主生活会、谈心谈话、党日活动的场所，以增强学生党员的归属感。另一方面，高校可依托外部党史教育基地资源，探索党史实践教学方式。通过组织大学生参加党史教育基地、爱国主义教育基地、历史博物馆、展览馆等，以中共党史为主线，同时结合地方史、人物史，激发学生的情感共鸣。

三、推动党团活动融合，增强党史教育活力

党建引领，党团共建，将党史教育融合于党团活动之中，是提高大学生党史教育活力的新探索。党史教育活动因顺应时代环境变化以及学生的身心特点，构建适宜的活动体系。首先，应当发挥党建引领作用，充分发挥学生党建工作对团建工作的引领作用。学生党员亮身份、树榜样，引导、带动团员学习党史理论、重要文本、中央重要讲话精神，推动团员积极向党组织靠拢；其次，充分调动大学生的创造性思维，鼓励学生党支部、团支部活动融合，创新党史教育活动于主题党日活动与主题团日活动之中，实现刚性与柔性、严肃与活力兼具的教育效果；最后，学校党团组织应多途径丰富党史学习活动，以多样性、趣味性强的活动吸引大学生参与。可通过党史知识竞赛、征文比赛等传统竞赛增强大学生党史理论修养，通过图片展、历史纪录片、影视剧等可视化较强的观看活动营造感染力，通过党史主题话剧、朗诵、演讲、快闪等情感体检较强的活动增强大学生的理想信念。

四、活用自媒体平台，创新党史教育形式

信息化时代下，自媒体平台成为大学生获取知识、传播信息、交流情感的重要渠道，并且不断推陈出新。大学生党史教育活动的开展，应当以自媒体平台为载体，突破时间与空间的限制、打破枯燥与单一的困局，实现教育主体与教育内容的有效连接。首先，建设专题网站或网站专栏，在

各类自媒体平台迅猛发展的态势下，专题网站或网站专栏，仍应作为高校各级党委进行党史宣传教育的官方主窗口。通过网站页面进行宣传报道、学习资源整合、宣传图片展示等，为大学生党史教育提供直接的素材与资源。其次，学习强国、易班网等学习平台作为网络学习、互动的清朗绿色空间，应当在大学生党史教育中得到广泛使用。通过学习强国打卡学习，易班优课平台学习、轻应用设计、学习打卡等形式开展特色活动，使大学生党史教育活动在趣味性与通俗性的参与中常态化进行。再次，可通过建立大学生党建官方微信公众号，发挥其页面效果生动、传播速度快、实效性强等优势，将党史教育渗透其中，以可视化、交互性强的形式为大学生所接收。最后，哔哩哔哩、抖音等平台也是当前大学生活跃的平台，党史教育可合理利用这些平台做好引导，借力热门自媒体平台增强教育效果。

习近平总书记提出："我们党的百年历史，就是一部践行党的初心使命的历史，就是一部党与人民心连心、同呼吸、共命运的历史。"大学生是民族的希望、祖国的未来，大学生的政治素质关系党的建设和中国特色社会主义事业的兴衰成败。在中国共产党成立一百周年之际，深入推动大学生党史教育，夯实基础、创新形式，让红色基因、革命薪火代代相传，高校对此肩负使命。

第二节　党团共建——大学生思政育人体系构建

党建引领，是高校立德树人的旗帜，引导高校人才培养与学科发展的方向。党团共建，决定了高校人才培养的轨道与活力。习近平总书记在第二十三次全国高等学校党的建设工作会议上强调：高校肩负着学习研究宣传马克思主义、培养中国特色社会主义事业建设者和接班人的重大任务。加强党对高校的领导，加强和改进高校党的建设，是办好中国特色社会主义大学的根本保证。在与团中央新一届领导班子成员谈话中，习近平总书记在同团中央领导班子成员集体谈话时提出，“青年在哪里，团组织就建在哪里；青年有什么需求，团组织就要开展有针对性的工作，努力使团组织成为联系和服务青年的坚强堡垒。”高校作为人才培养的主阵地，以党建引领为核心，加强党团共建模式探索，以构建高校思政育人体系，是时代赋予高校的新使命。

一、指导思想

坚持马克思列宁主义、毛泽东思想、邓小平理论、“三个代表”重要思想、科学发展观、习近平新时代中国特色社会主义思想，坚持中国共产党的领导，坚定不移地坚守党和国家的路线、方针、政策，是高校党团共建育人体系的指导思想。

二、建设目标

（一）制度体系完善，党团建设专业规范

根据中共中央及团中央相关工作要求，结合学校实际情况，制定学校党建、团建工作相关制度，形成体系，确保学院党员发展、党员管理、团员发展、团员管理、团推优、党团员培训、党团共建等均有章可循。制度体系的完善，确保学院党团建设专业化、规范化。

（二）党团理论贯通，学生政治素养提升

通过党校培训、团校培训、“青马班”培训、习近平新时代中国特色社会主义思想研习社分社学习等，将政治理论学习、中国共产党发展史、共青团发展史、时事政策、经典论著等的学习渗透在团委、学生会学生干部以及学生党员的培训中，将党团理论学习融会贯通，全面提升学生政治素养。

（三）党团共建平台创新，党团发展与时俱进

党团共建依托于各平台，以确保党团建设形式丰富、永葆生机，增强党员、团员的组织归属感。以学校党建、团建常规工作为基础，结合学校

学科特点、基础现状，遵循学生身心发展特点及需求，党团共建平台的创新性拓展，是党团发展与时俱进的体现。自媒体平台的合理运用、“第二课堂”平台搭建、理论宣讲团建设、青年研习社建设等，将党团建设具体化，渗透于学生学习、生活与实践中。

三、具体实践

（一）机构设置

1. 建设学生党建中心

学生党建中心是基层开展学生党建工作的重要依托。以“党建带团建、党建促教育”为原则，学生党建中心积极配合学校党委有序开展各项工作，教育、培养、管理学生党员及入党积极分子，组织建设学生党支部，开展党建系列活动，在全院师生中展示党员形象、树标杆，发挥先锋模范作用。学生党建中心设党建指导老师，中心设主要职能部门，各司其职，有序开展党员发展、党建宣传教育活动。

2. 建设团委、学生会及各学生社团机构

在高校中，各学院一般设置团委、学生会，作为团建工作、大学生第二课堂实践活动的组织机构、统筹机构。团委、学生会及相应社团组织发挥各自职能，确保大学生团建活动及第二课堂实践活动的有效开展。

（二）制度建设

1. 制定党建负责人制度

为规范学院学生党建管理工作，高校中，各学院可制定学生党建负责人制度。学生党建负责人由预备党员及正式党员担任，党建负责人直接对相应各基层班级，带领基层班开展团建活动，组织策划团日活动、开展入党启蒙教育、组织团推优、考察引导入党积极分子，组织基层班开展爱党爱国相关学习及活动。

2. 制定党员纪律管理办法

为规范管理党员组织纪律，各学院可制定党员管理办法，对党员组织纪律、行为规范做出严格要求。党员应坚决按管理办法要求，积极参加会议、活动、参与学院学风督查，在学院发挥先锋模范作用，树立标杆，带动团员严于律己、坚定信念，以高标准严要求，督促自我成长。

3. 制定学生干部管理办法

制定学院学生干部管理办法，以培养一支政治素养、专业水平高，组织统筹能力强的学生干部队伍。学生干部素质要求参考如下：

（1）政治合格。坚持以马克思列宁主义、毛泽东思想、邓小平理论、“三个代表”重要思想、科学发展观、习近平新时代中国特色社会主义思想为行动指南，增强“四个意识”、坚定“四个自信”、做到“两个维护”。坚持党的路线、方针、政策，思想和政治上与党中央保持高度一致，坚决执行学校和学院党委的决议和学院团委、学生管理部门的工作部署，模范履行学生的各项义务，严格遵守学院和学校的各项规章制度，无违规违纪等处理记录。

（2）学习优秀。励志勤学、敏于求知、增长才干，学习态度端正，学习目的明确，学习成绩优秀。不断提高与时代发展和事业要求相适应的素质和能力，做到德、智、体、美、劳全面发展。

（3）品德良好。自觉树立和践行社会主义核心价值观，自觉弘扬爱国主义、集体主义、社会主义精神，积极传承中华优秀传统文化、革命文化、社会主义先进文化，带头倡导良好社会风气。

（4）作风过硬。自觉遵守国家法律法规，坚决贯彻依法治国基本方略，在遵法、学法、守法、用法中作表率。牢记学生组织宗旨、永葆理想主义情怀、抵制社会不良风气，做“学生友”，不做“学生官”。具有扎实的作风和较高的威信，朝气蓬勃又脚踏实地，求真务实且勇于创新，热心为青年学生服务，自觉接受广大学生的监督。

（5）群众基础好。具备一定的领导、组织、协调能力以及创新、实干、奉献精神，热心热情为青年学生服务，实事求是、公道正派、诚实谦虚、发扬民主，在同学中的认可度和满意度高。具有较强的事业心、责任感、服务意识、团队意识和奉献精神。自觉成为志愿者，积极参加各类志愿服务活动。

4. 制定学院党员发展办法

学院党员发展严格按照《中国共产党党员章程》及《中国共产党发展党员工作细则》相关规定进行，严把党员发展关，严格遵照学校党委关于各二级学院党员发展数量指标要求，落实到位。为确保学院党员发展严谨、规范、有序，可制定标准化党员发展办法，明确学校学生党员发展流程及相关要求，一方面引导学生明确目标，督促个人德、智、体、美、劳全面发展，另一方面确保学生党员发展有章可循，党员发展程序更具公信力。

学院团委向党组织推选优秀共青团员，为党组织输送新鲜力量，这是共青团在党组织发展过程中所起的关键作用，学院应当严格规范党员发展程序。党员发展对学生的综合素质提出较高要求，也对党建工作提出了相应的要求，因此，各发展阶段相关细则均应体现党团共建在其中发挥的作用。一方面，党建发挥引领作用，提升学生政治素养与爱国主义精神；另一方面，团建发挥培养与助推作用，依托第二课堂活动、科技竞赛、志愿服务活动等活动，提升学生综合素质。

（三）平台搭建

1. 搭建“第二课堂”平台

2016 年 11 月，共青团中央和教育部联合下发《高校共青团改革实施方案》，大力推行“第二课堂”成绩单制度。“第二课堂”更突出大学生的整体素质和综合能力，高校应搭建好“第二课堂”平台，在各第二课堂系列活动中，发挥党建引领作用。

第一，开展主题鲜明，凸显正能量的第二课堂活动。各学生机构、社团组织开展“第二课堂”活动，主题应积极健康、传递正能量、弘扬爱国主义精神。

第二，党员争先，发挥先锋模范作用。学院党员、发展对象、入党积极分子应在“第二课堂”活动中发挥引领作用，积极参与，并带动各支部、各基层班的竞赛及活动参与热情。高校发展党员将对学生“第二课堂”活动参与情况进行合理量化，凸显学生党员发展过程中重视学生综合素养全面发展，也是党员发展衡量标准公平性的体现。

2. 组建理论宣讲团

提高党员、团员的政治理论素质，是培养新时代有为青年的基础性工作。学院组建理论宣讲团，是系统、全面对党员、团员进行政治理论素养培育的途径。宣讲内容包括中国共产党历史、革命发展史、党的理论方针政策、相关文件精神、经典著作等。理论宣讲团由学院领导、教工支部书记、学院辅导员、学生支部书记组成。高校每学期组织理论宣讲团成员集中学习、培训，提高政治素养与理论水平。

3. 发挥分党校、分团校熔炉作用

高校分党校、分团校培训，承担着入党积极分子和发展对象的培训任务，也承担着对学生党员进行政治理论素养提升培训。党员的培养与发展，由群团推优开始，因此，应打通高校分团校培训与分党校培训之间的壁垒，避免党团学习培养人才出现“两张皮”的情况。

（1）高校团委、学生会相关培训、学习，学院选派的学生骨干进行的相关学习、培训活动，可积极邀请党员干部参与，发挥党员先锋模范作用。

（2）高校党校培训，应重视对团学工作的引导。在高校开展的系列党校培训中，应邀请团委、学生会主要干部到场学习，以逐步提升团委、学生会主要干部的理论修养。

4. 青年研习社建设

高校二级学院应依托学校习近平新时代中国特色社会主义思想研习社，建设习近平新时代中国特色社会主义思想青年研习社学院分社，作为学院开展思想政治教育的重要平台。青年研习社的建设可从以下两方面开展：

（1）开展主题征文比赛。定期开展学习习近平新时代中国特色社会主义思想相关主题征文。征文比赛主题应鲜明，引导党员、团员坚定政治信念，提高政治素养。

（2）开展主题论坛。青年研习社可通过论文征集挖掘优秀作品，组织开展主题论坛。论坛主体可围绕爱国主义教育、党史教育等开展。一方面，邀请专家学者进行讲学分享；另一方面，由优秀论文作者进行现场分享。通过主题论坛，充分发挥党建引领作用，营造爱国主义氛围。

5. 整合新媒体平台

在互联网环境下，整合新媒体平台是开展党团宣传工作的要求之一。目前，网站、公众号、视频平台等都作为有效的网络宣传窗口，高校二级学院可整合新媒体平台，发挥新媒体平台宣传特点及优势，将党团建设工作在新媒体平台中有效展现，以推动党建、团建工作的有效开展。为此，应注意以下问题：

第一，学院官网主页及微信公众号，既要有党建工作阵地，也应有团建工作阵地，凸显党建引领作用及团建组织建设作用。

第二，党建工作及团建工作相关宣传及活动报道，应在相应宣传板块中得以体现，以促进党建干部、团学干部、党员及团员加深对党组织工作与团组织工作的认识。

第三，学院辅导员、团委学生会各学生机构、社团组织应结合自身工作，应用新媒体平台，开展党建及团建工作。包括平台党建（团建）优课群建设、平台党建（团建）资料库管理、问卷运用、高校官方微博等的运用与管理。

自觉纪律教育

第一节　文化视域下的廉洁教育

《习近平关于党风廉政建设和反腐败斗争论述摘编》中指出："一个人能否廉洁自律，最大的诱惑是自己，最难战胜的敌人也是自己。"习近平总书记强调，一个人廉洁自律不过关，做人就没有骨气。廉洁自律是个人品德、素养的体现，在当前社会环境中，个人所接受的物质诱惑与价值冲击不容忽视，廉洁教育在新时代面临更大挑战。文化具有潜在的规约力量，在文化视域下探索廉洁教育的思路与路径，在当前反腐倡廉工作中有其实践价值。

《辞源》中，廉洁解释为"公正，不贪污"。《辞海》中将廉洁解释为"清廉，清白"。贪污、腐败行为的发生，主要是个人的理想信念动摇，思想道德防线出现问题。随着高等教育由"精英教育"开始逐步向"大众教育"转变，大学生成为社会发展各条战线的中坚力量，加强大学生廉洁教育，引导学生在校期间树立敬廉崇洁的意识，培养自身道德自律及抵御腐败的意识，是新时期高校思想政治教育工作的重要内容。文化作为一股潜移默化的影响力量，是大学生廉洁教育需重视的一个重要领域。

一、廉洁的内涵

廉洁作为一种社会价值取向，引导的是一种良性的社会追求。“不受曰廉，不污曰洁”，廉洁属于意识形态领域，在社会的发展进步中，其文化内涵不断丰富。廉洁问题烙上了时代发展的印记，伴随着社会经济发展、政治体制改革，廉洁问题在历史潮流中并没有逐步被边缘化或者淘汰，这很大程度上取决于廉洁的文化力量。

（一）廉洁的概念界定

“廉洁”从属于“文化”领域，是一种思想品质与价值追求。无论是廉洁所倡导的自律精神、行为规范，或是以廉洁为基本导向而开展的一系列活动，归根到底，其本质内涵都是文化。因此，廉洁文化研究、廉洁文化建设成为探讨廉洁问题的重要方面。关于廉洁，历来有诸多行为规范律条警戒人们：“廉者，民之表也。贪者，民之贼也。”（宋·包拯《乞不用赃史》）“智者不为非其事，廉者不求非其有。”（《韩诗外传》）“安能以身之察察，受物之汶汶者乎？”（战国·屈原《渔父》）“廉者常乐无求，贪者常忧不足。”（宋·司马光《文中子补传》）这些不同时代的廉洁自律规范准则，是尤为重要的文化资源，对于规范人们行为，调整社会秩序起到重要作用。廉洁作为一股文化力量，通过感染、熏陶、激励、监督等方式，发挥其价值观导向作用。而在这个过程中，形成的一系列廉洁建设、廉洁教育活动，都是廉洁这一思想内涵的外在表现形式，殊途同归，都是围绕着同一本质价值追求而展开的。因此，廉洁的本质归属于文化。

（二）廉洁的历史传承性

“廉洁”，是一个既古老又具有现实意义的词汇。在不同时代背景之下，廉洁的内涵不断丰富、变化，体现一定的时代特点。而在这个变化的过程中，廉洁的本质内涵具有历史传承性，在不同的环境及背景下始终坚持着基本的价值导向。“廉洁”早在《楚辞》中常有出现，“宁廉洁正直，以自清乎？”这是屈原在国家危难、奸臣当道的社会背景下表达的不与世俗同流合污的气节。秦朝时期，《吕氏春秋·忠廉》中有以下词句：“临大利而不易其义，可谓廉矣。”这里的廉洁侧重于利益与道义之间的衡量问题。唐代及元代，朝代君主所提出的“廉”，多带有克于律己、大公无私的寓意。清代《从政遗规》中提出“惟俭足以养廉”。此时的廉洁被赋予了另一层含义，即勤俭、俭朴。历朝历代关于廉洁的含义不断变化与丰富，在封建社会，廉洁的这种文化内涵更多是为维护封建统治者的利益，对国家政治的稳定发挥着重要作用。

在现代社会，尤其是改革开放以来，中国的社会环境发生了巨大变化。市场经济的快速发展催生钱权、利益等方面的诱惑。廉洁作为个人基本的价值准则，在新的时代背景下其内涵不断丰富，适应社会秩序稳定的要求。官员腐败问题、国家廉政建设问题成为新时代的热议话题。因而，廉洁在新时期的内涵，在政治意义上要求个人具有高尚的政治素养，不贪污、不受贿，清白公正，大公无私；在个人涵养上要求个人诚实守信、求真务实、勤俭节约。

“廉洁”虽在不同时代背景之下所倡导的思想理念、行为规范有所差异，但其本质价值导向始终围绕着“廉”，具有一定的历史传承性。无论时代如何发展与变化，廉洁在引导人们清白、公正、诚信做人方面，始终发挥着重要的导向作用。

二、大学生廉洁教育的作用

（一）导向作用

大学生廉洁教育是对大学生的思想及行为进行引导，使之符合社会发展的廉洁意识要求。因此，大学生廉洁教育具有一定的方向指引性。在当前的社会环境下，大学校园充斥着各类信息，学生面对着纷繁复杂的选择与取舍。然而，由于大学生的身心发展尚未真正成熟，思维活跃，涉奇心理强，社会经验不足，因此，容易出现价值判断与行为选择的不确定性。

廉洁教育在学生的意识及行为上，起到重要的导向作用，引导大学生廉洁自律，勤俭节约。

（二）调整作用

高校是一个集体环境，由地域不一，能力、价值观念有所差异的不同个体所构成。在这个集体环境中，廉洁教育在个人意识与行为方面的引导、规范过程中，对每一个体的差异性进行调整，使之不断向主流价值观靠拢，这是大学生廉洁教育调整作用的体现。将在廉洁认识方面观念有差异，认可程度深浅不一的个体，通过多种形式的教育方式进行调整，逐渐达成共识，引导和规范个体的行为，是大学生廉洁教育的最终目的。

（三）塑造作用

高校是培养知识分子，培养各领域专业人才的主要阵地。大学生在校期间所受的教育情况，直接关系到其个人今后发展过程中的价值判断与行为选择。贪污腐败现象虽主要发生在社会工作环境中，但高校作为人才培养阵地，在大学生成熟发展的重要时期，其廉洁教育工作将对大学生的个人素养与品质起到关键的塑造作用。先进、积极的廉洁教育活动直接促进大学生严格规范自己言行，塑造自身廉洁、公正、诚信、自律的良好品性。

三、当前大学生廉洁教育面临的困境

（一）大学生廉洁意识淡薄

学生，以学为主。长期以来，在这种观念之下，部分学生容易片面地认为大学生在校的主要任务就是完成好学业，而往往忽视其他能力与素质的提高。不少大学生认为，廉洁问题只是出现在公权力环境中，只有“权力才能导致腐败”，而把大学生与廉洁问题划开界限，认为大学生不涉及“权”，不涉及“利”，廉洁问题与学生无关。这种淡薄的廉洁意识事实上是学生对于廉洁问题的认为过于狭隘而导致的。廉洁涉及任何一名公民，是对个人行为规范的基本要求，渗透在每个人日常行为的诸多方面，个人诚信、日常交易、权力分配、利益获取等，都需要人们恪守廉洁这一基本准则。因此，大学生对于廉洁问题认识片面，意识淡薄，是当前大学生廉洁教育面临的困境之一。

（二）高校廉洁教育体系有待完善

在当前高校整个教育系统内，教学、科研、学生管理等已形成了较为规范、完整的体系，然而，鲜有高校在廉洁教育方面建立起完整的体系。廉洁教育未能形成系统且未在大学生中长期、有序、有效地开展，则难以引起高校师生的重视。通常，只有在有关部门在某一时间段内开展廉洁教育相关活动时，廉洁这一话题才会在学生中引起关注，而多数时候，廉洁在高校的教学及管理中，鲜受关注。因此，边缘化、碎片化的廉洁教育在大学生中所起到的引导与规范作用效果并不明显。此外，缺乏相关理论与实证研究，廉洁教育研究基础较薄弱，廉洁教育的开展缺乏科学有据的支撑，也是其实效性受限制的重要因素。

（三）廉洁教育活动形式单一

高校廉洁教育活动时有开展，一直以来，为大学生所熟悉的廉洁教育活动包括征文、板报宣传、辩论赛、演讲比赛等，这些活动虽然可以达到一定的廉洁宣传及教育效果，但久而久之，这种过于单一的形式难以较好吸引学生的关注与参与热情，从而导致廉洁教育效果不佳。在当前成长环境之下的大学生，见识面较广，学生对于一个活动的参与价值，有其自身的判定标准。因此，如果高校廉洁教育活动过于单一，没有适应学生的身心发展特点及关注焦点而有所创新，适时改变，则难以调动学生的参与热情，导致高校廉洁教育活动流于形式，达不到相应的教育效果。

（四）社会现象带来负面影响

大学生的思想观念及行为举止直接受到社会各类现象及风气的影响。在当前社会环境中，利益纷争复杂，钱权交易丑恶，各类贪污腐败案件不断被揭发。中国的官本位思想在转型期的社会发展过程中仍然产生着不良的影响。大学生在诸类现象的耳濡目染中，理想信念容易发生动摇，对于社会中的不诚信、不廉洁、不正义问题报以无奈、漠视甚至认可的态度。

这无疑会阻碍高校廉洁教育的开展，学生的不重视甚至不认可，不仅对大学生正确价值观的形成带来严重的影响，更甚之，学生踏入社会后，其行为是否遵循廉洁自律准则，将成为高校教育者及社会各界担心的问题。

四、以廉洁文化建设突破大学生廉洁教育困境

（一）日常教育融入传统廉洁文化精神

“不受曰廉，不污曰洁。”“其身正，不令则行，其身不正，虽令不行。”“富贵不能淫，贫贱不能移，威武不能屈，此之谓大丈夫。”中国传统文化对于廉洁自律向来重视，小至人与人之间的利益往来，大至家国天下大事，均离不开廉与正。在高校日常的教育中，尤其是思想道德修养相关课程的讲授过程中，应利用中国传统文化资源，融入廉洁文化精神，在思想上启发和引导学生。“文化如水，润物无声”，如果能长期坚持文化的熏陶与启迪，将能直接或间接地影响大学生的一言一行，促使大学生在意识与行为上重视廉洁自律问题。

（二）营造校园廉洁文化氛围

环境及氛围对人的思想行为有着潜移默化的影响。“蓬生麻中，不扶自直”，在高校中营造廉洁的文化氛围，是培养大学生廉洁意识与行为的重要途径。校园廉洁文化氛围的营造，既需要硬环境的直接影响，也需要软环境的日渐熏陶。首先，校园广播、校刊校报、宣传栏等都是直接面向学生的宣传平台，学校应重视利用这些有效的宣传平台，定期进行廉洁教育宣传；其次，组织开展廉洁文化活动，促使学生在活动参与过程中达到知行合一，增强教育的实效性。演讲比赛、辩论比赛、微电影比赛、廉政知识竞赛等都是有效的廉洁文化活动形式，可由学校各学生社团组织开展，在校园中形成浓厚的廉洁教育活动氛围，引起学生的重视与共鸣；最后，学高为师，身正为范，教师在学生中的形象至关重要。教师的一言一行对学生的行为产生着直接的影响。在教师队伍中，应营造爱岗敬业、廉洁从教、严谨治学的良好氛围，为学生起到积极的、正面的模范作用。

（三）编制系统完善的廉洁教育校本教材

开展大学生廉洁教育需要依托一定的载体，编制适应社会现状及大学生身心特点的校本教材，使廉洁教育成规范、成系统，是开展大学生廉洁教育的一个有效途径。系统完善的廉洁教育校本教材，应当以廉洁历史文化及理论内容作为支撑，分阶段分类别设置教学课程，既包括理论课程，也包括实践课程。一方面，通过理论讲授，使大学生在认知上对廉洁所倡导的理念及行为规范有所认同并逐步内化为自身恪守的道德准则；另一方面，通过实践课程，引导学生践行自身恪守的廉洁道德准则，在行为上严格规范自己，积极参与廉洁宣传、教育活动，将内化了的道德准则外化为个人实际行动。编制这样一套系统、完善的廉洁教育校本教材，能够促使大学廉洁教育更成规范和体系，廉洁教育效果才能更为显著。

（四）依托新媒体建立网络廉洁文化平台

新媒体的出现，是时代的产物，是在社会新形势下应运而生的媒介。高校廉洁教育离不开时代发展要求，应当适应时代，与时俱进。大学生是接受新鲜事物快、思想活跃的青年群体，开展有效的廉洁教育需了解学生身心特点，才能行之有效。当前，运用新媒体建立网络廉洁文化平台，以学生喜闻乐见的新媒体载体，如微信、微博、QQ 群、博客、网站等呈现廉洁教育及廉洁文化相关宣传内容，是见效快、参与度高的一种方式。尤其是互动性较强的新媒体，激发学生参与兴趣，在参与中了解认识廉洁文化，感悟廉洁精神，从而调整自己的言行举止。在网络廉洁文化平台中，大学生的参与与交流促使校园形成浓厚的廉洁文化氛围。这是主流价值观传播与渗透的另一条有效途径。

习近平总书记在第十八届中央纪律检查委员会第二次全体会议上提出：“党风廉政建设和反腐败斗争是一项长期的、复杂的、艰巨的任务。”廉洁教育不在一朝一夕，精神信念的坚持以及文化熏陶更能体现教育的常态化与持久性。廉洁，是中华民族优秀传统，大学生作为社会建设的重要力量，其道德品质及价值观念直接关系到社会的整体发展。重视廉洁文化建设，加强大学生的廉洁教育，是社会发展要求，也是个人发展要求。在社会转型期，大学生廉洁教育问题面临着诸多困境，只有直面问题，结合时代发展特点，探究符合大学生身心发展规律的教育途径，才能解决矛盾，实现大学生廉洁教育的规范性、系统性、有效性。

第二节 大学生网络意识形态教育

习近平总书记在全国高校思想政治工作会议上明确指出，高校思想政治工作关系高校培养什么样的人、如何培养人以及为谁培养人这个根本问题。做好高校思想政治工作，要用足、用好课堂教学这个主渠道。“人在哪里，思想政治工作重点就在哪里”。❶ 当前，大学生是活跃于网络的群体，而各类思潮也集散于互联网环境之中，为此，加强大学生网络意识形态教育，筑牢高校网络意识形态的铜墙铁壁势在必行。

高校作为科学研究、人才培养的重要阵地，需要深刻领会全国思想政治教育工作会议精神，做好意识形态教育。新媒体时代环境下，网络成为高校内宣传、学习、交往的主要共享平台，其辐射力与影响力超乎任何传统媒介。新形势下，审视当前高校网络运用、宣传与教育现状，在“全面从严治党”价值蕴意之下深刻认识网络意识形态教育的重要意义，是当前高校宣传教育工作的重要内容。

一、新环境下“全面从严治党”解析

习近平总书记提出“全面从严治党”，是基于新的时代背景下，结合当前党面临的新环境、新条件、新挑战，对于党的建设与发展提出的新要

❶ 习近平在全国高校思想政治工作会议上强调：把思想政治工作贯穿教育教学全过程 开创我国高等教育事业发展新局面 [N]. 人民日报，2016-12-09 (1).

求。习近平总书记在群众路线教育实践活动总结大会上针对当前党建工作中存在的问题，提出中肯的理论观点，对新环境下“全面从严治党”做出具体阐释。

（一）重党建成效，树立正确政绩观

习近平总书记提出“党建成效是最大的政绩”，要求党员干部应树立正确的政绩观，以党建成效作为领导干部政绩的重要考评依据。长期以来，党内存在部分党员干部政绩观错误，片面追求华而不实的政绩工程，以经济增长为主要追求目标，忽视社会民生问题及生态平衡问题。“全面从严治党”要求，党内成员应从思想上明确党建成效的重要性。只有坚持正确的思想作风，才能确保党的健康发展。

（二）治党范围要全面，要求要严格

党的建设是一项全面、系统、复杂的工程，开展党的建设工作应当整体推进，将党的建设与经济建设、政治建设、文化建设、生态文明建设结合起来，同时促进党的思想建设、组织建设、制度建设与作风建设。在网络阵地全面铺开的新环境下，党的建设更是一项各方面协调互动，共同促进的系统工程，要求党建工作应当统筹兼顾、全面推进。另外，在庞大的党组织建设工程中，应当明确职责规范，严格要求，加强党内干部的组织管理，杜绝贪污腐败、责任推诿等不良作风的滋生。

（三）落实责任，重视细节

新环境下，“全面从严治党”从根本上要求党建方法应从责任的落实与细节的重视进行开展。只有在深刻认识新时期党内发展的基本特点、基本规律的基础上，进一步落实责任，建立健全党建工作的问责机制，以督促和推进广大党员干部严格自律、规范行事。党建的具体工作实施关键在于抓住细节，以微见著。“严肃党内政治生活贵在经常、重在认真、要在细节。”[1] 只有细致地做好党内每一项工作，确保工作有始有末，深刻开

---

[1] 习近平．在党的群众路线教育实践活动总结大会上的讲话［N］．人民日报，2014-10-08.

展。总之，“全面从严治党”进一步要求党内应克服官僚主义与形式主义，应当全面推进责任的落实与工作的细致开展，增强党内工作开展的实效性。

二、“全面从严治党”对高校思想政治教育工作的意义

习近平总书记提出，“全面从严治党是全党的共同任务”。高校是培养高素质人才的重要阵地，肩负着为党和国家培养并输送人才的艰巨任务。高校开展思想政治教育的实效，直接关系到党和国家未来的发展。

（一）“全面从严治党”为高校思想政治教育工作指明方向

“全面从严治党”从全面、严格两个主要要求，指明全党思想及行为的基本要求，这为高校开展思想政治教育工作指明了方向。全面，要求高校在大学生思想政治教育工作中，应当考虑周全，从思想上、行为上、制度上、方法上，结合现实，与时俱进，瞻前顾后，全面系统。严格，要求高校大学生思想政治教育工作开展过程中，应当严格规范，规矩要严，处置要严。这是对大学生负责、对高等教育负责、为党、为国家负责的表现。

（二）“全面从严治党”为高校思想政治教育提供理论支撑

“全面从严治党”具有深刻的理论内涵，为新时期高校开展思想政治教育提供理论支撑。“全面从严治党”深刻解说了党建成效评价标准、全面开展与重在从严、思想建党与制度建党相结合、加强责任落实与做细相结合的深刻内涵。这对于高校进行大学生思想政治教育具有重要的理论支撑作用，高校应当以此作为开展思想政治教育相关活动的理论依据，内化思想、外化行为，促进学生在学习与探索过程中，自觉形成对党和国家的认同感与自豪感。

三、高校网络意识形态教育的困境

在 2019 年初省部级主要领导干部坚持底线思维、着力防范化解重大风

险专题研讨班开班式讲话中，习近平总书记提出：“一个政权的瓦解往往是从思想领域开始的，政权动荡、政权更迭可能在一夜之间发生，但思想演化是个长期过程。思想防线被攻破了，其他防线就很难守住。”新媒体环境下，网络的开放性与多元性在方便人们信息交互共享的同时，一定程度上也加大了主流意识形态掌控的难度。大学生作为网络参与的重要群体，对于主流意识形态的态度以及相关信息的传播互动问题，存在着诸多的“变量”。高校开展网络意识形态教育面临着一定的困境。

（一）多元化网络意识形态冲击大学生主流意识形态认同感

由于网络的便捷性、开放性，多元价值观可以在宽松自由的环境中肆意传播。西方自由主义思想借助网络的无国界以及虚拟性特点，传播无政府主义，鼓动青年群体抒发对党、对政府的抵触情绪。大学生的国家意识理念、民族认同感在各种网络民族主义的影响下逐步弱化。尤其是在当前微博、微信、社交网站等各类网络媒介得到大学生广泛使用的环境下，负面信息、虚假信息、反动信息等的传播有了更为直接快捷的方式。大学生由于理论知识储备有限，对政党、政府本质缺乏深刻的认识，因此，面对多元网络意识形态，大学生更容易受到影响，其对国家主流意识形态的认同感也受到一定的冲击。

（二）娱乐化网络行为与主流意识形态正统要求相脱节

网络互动平台异于传统互动平台，其运作更新速度之快，对参与者的思维更新提出较高的要求。大学生的网络参与行为表现出一定的娱乐性，从网络语言表达、网络图片共享等方面呈现出娱乐化倾向。娱乐化网络行为是大学生生性活泼、思维创新的表现，但是，一旦娱乐性的“度”把握得不好，则容易出现与主流意识形态正统要求相脱节的情况。如对党、对国家、对相关制度等的态度不严肃、不认真。甚至将严肃性的政党、国家、制度等话题娱乐化。

（三）少数网络负面信息影响学生的片面价值判断

大学生青年群体是网络平台互动的重要参与者，该年龄阶段的学生具有一定的非理性特点，促使其价值判断片面，网络行为偏激，多表现为在网络谣言或敏感事件等负面信息的态度上。其非理性特点表现为：其一，猎奇心理强。猎奇心理促使学生较为关注网络上流传的重大突发事件、敏感事件等，并做出片面偏激评判；其二，从众心理强。大学生处于群体范围内，无论是宿舍、社团、班级、校园内，其行为参与多数是群体参与，所以其行为特点与周边群体成员有着密切关系。在大学生猎奇心理强、从众心理强两方面心理特点的影响下，面对负面信息，部分学生会将较为偏激的语言在网络平台进行传播和互动，对主流意识形态形成一定冲击。这是当前大学生网络思想政治教育的一个困境。

（四）传统意识形态教育与学生现实倾向相抵触

高校开展大学生意识形态教育，主要依托于思想政治教育理论课教学、严肃正式的平台宣传等。这种传统的方式虽在方向指引上具有明确、严肃的指向性，但对于思维活跃、个性鲜明的大学生来说，过于传统、灵活性弱的教育方式通常难以深入影响学生，甚至有时候仅是浮于形式，达不到实质效果。学生群体对于宏观的主流意识形态教育往往把握不深刻，其现实倾向更多地集中于个人体验、熟悉的人文环境、经济现象等，对于政治性较强的意识形态相关话题进行了解的自主性较弱。因此，传统形式上的意识形态教育往往无法引起学生的认同与主动关注。

四、困境突破：“全面从严治党”思想渗透进高校网络思想政治教育工作

（一）建设网络化主流意识形态教育阵地

“谁掌握了信息，控制了网络，谁就拥有整个世界。”[1] 在当前社会背景下，网络的开放性加剧了意识形态分化，敌对势力对我国主流意识形态的攻击也已进一步伸向网络空间。高校开展思想政治教育工作，应当把握当前形势，探索符合时代要求的新途径。在理解“全面从严治党”深刻内

[1] ［美］阿尔温·托夫勒·海蒂·托夫勒. 创造一个崭新的文明——第三次浪潮的政治［M］. 陈峰，译. 上海：上海三联书店，1996：31.

涵的基础上，引导学生坚定立场，爱党爱国，是高校开展主流意识形态教育的主要方向。与此同时，在当前网络环境下，高校思想政治教育工作应当顺势而推，运用网络载体巨大的传播优势，以增强大学生对主流意识形态的凝聚力。此外，网络意识形态教育应当突破传统，创建学生喜闻乐见、贴近实际的校园活动。通过活跃网络意识形态教育的方式，形成强大的校园思想政治教育与文化交流互动平台。这对于学生增强主流意识形态认同感与民族感情，具有潜移默化的影响作用。

（二）探索思想政治理论课教学网络新模式

思想政治理论课是高校开展思想政治教育，增强学生对主流意识形态认同感的主渠道。僵化的理论教学、口号式的宣传教育在新环境下难以获得大学生认同，单纯的显性课程也难以起到实质性的教学效果。因此，利用网络平台创新思想政治理论课教学模式，是网络新环境下对高校思想政治教育提出的另一要求。“全面从严治党”思想是站在宏观的视角对党及党员干部提出严格的要求。其思想也蕴含着对青年大学生群体这股后备力量的严格要求。其理论及要求通过显性教育难以深入人心，因此，有必要将课堂教学的显性教育与网络参与的隐性教育相结合，整合资源，多渠道促使学生对主流意识形态的自觉认识。主动认知与被动灌输，起到的教学效果截然不同。此外，在网络参与中，教师的引导对于大学生培养网络信息甄别能力，以及增强自身政治意识、责任意识、自律意识、安全意识等，具有一定的影响作用。

（三）加强网络监管以澄清高校网络负面信息

在开放、便捷的网络环境中，信息的传播呈现“点到面”的快速模式，任何网络信息在传播过程中都可以形成强大的影响力。一旦分化主流意识形态的负面信息在高校网络平台中进行传播甚至引起一定程度的轰动，都将对大学生群体的主流意识形态认同感造成影响。善后不如预防，在大学生价值判断尚未成熟的客观现实条件下，高校加强网络监管，将片面的、偏激的、恶意分化主流意识形态的负面信息止于源头，真正起到网络监管作用，是其主流意识形态教育开展的一个重要途径。网络监管应当立场坚定，旗帜鲜明地抵制非马克思主义意识形态在网络媒介中进行恶意传播的行为。只有具有一定的网络监管力量，才能直接抵制网络负面信息对大学生思想意识的影响，营造健康、积极向上、主流意识形态鲜明的网络环境。

第三章 社会道德教育

第一节 大学生道德认知

党的十八大以来，以习近平总书记为核心的党中央高度重视社会主义精神文明建设，尤其是思想道德建设。2014 年 5 月 4 日，习近平总书记在北京大学师生座谈会上提出：核心价值观，其实就是一种德，也是一种大德，就是国家的德、社会的德。国无德不兴，人无德不立。在经济快速发展与多元价值交融的时代背景下，道德这一议题得到普遍关注。大学生作为特殊的青年群体，其能力与素质直接关系到未来社会发展。当前，大学生道德失范、道德滑坡事件时有发生，每一事件的发生都引起社会哗声一片。行为表象的背后是个人认知的直接反映，大学生的道德失范源于道德认知偏差。掌握当前大学生道德认知困境，以此为基础，提出行之有效的德育措施，在德育工作中有着一定的实践意义。

一、道德认知的内涵及其理论基础

（一）道德认知的内涵

道德，指人们遵循的行为准则、规矩、规范。《荀子·劝学》中，道德的定义为：人与人相处的关系中的道德境界、品质、原则和规范。道德是一种社会意识形态，通过非强制性的规范调整人与人之间的关系。道德认知指人们对道德规范的认识。道德认知具有个体性，是个人对某种道德规范的整体看法，包含个人的是非或善恶评判，具有一定的价值判断色彩。

（二）科尔伯格道德认知理论

科尔伯格道德认知理论提出道德认知发展阶段理论、角色承担理论、道德讨论策略和公正团体策略等一系列理论，形成完整的体系，给道德认知教育起到重要启示。科尔伯格道德认知发展理论提出，个体的道德认知是呈阶段性发展的，发展由低级阶段向高级阶段进行，且不可逆。个体与个体之间的道德认知水平，或是个体在不同阶段的道德认知水平，是存在差异性的。科尔伯格的道德认知发展理论，有助于教育者在把握教育对象身心、年龄发展规律的基础上，进行有针对性的个体引导，对于道德教育具有重要的现实意义。

二、大学生道德认知现状

本书基于实证调查，掌握相关数据，了解当前大学生道德认知现状。调查共派出问卷 1000 份，样本为广东省六所不同类型高校的在校大学生。调查共回收问卷 980 份，其中有效问卷 968 份，问卷有效回收率为 96.8%。调查结果显示大学生道德认知现状如下：

（一）道德认知认识程度及道德规范接受程度高

在关于大学生对道德认知的认识程度调查中，大学生对道德认知的认识程度较高，绝大多数同学表示了解。其中，非常了解的同学占 9.59%，了解的同学占73.90%。大学生对社会中的道德规范普遍接受。其中，表示非常接受的同学占41.54%，表示接受的同学占51.10%。数据表明，大学生在主流上是认识且接受社会道德规范的。

（二）道德认知与道德践行存在偏差

调查显示，大学生的道德认知与其道德践行情况存在一定程度的偏差。虽有绝大多数的同学了解道德认知并接受社会道德规范，但是，关于“自己是否做过不符合道德规范的事”，有57.35%选择“是”。此外，关于道德认知与行动的难易程度调查中，70.22%的同学认为知易行难。关于“从事不道德行为是否存在压力”，89.33%的被调查者的回答是肯定的。由此说明，学生虽在认知上是认同道德规范的，也会有一定的自省及反思，然而其践行状况却与个人认知存在差距。

（三）大学生群体道德现状评价主流较好

关于大学生群体道德现状的满意度评价中，调查结果显示，其主流上是较好的。其一，关于个人自评，有11.72%的学生对自我道德践行情况表示非常满意，79.04%表示满意。其二，关于他评，4.41%的学生对身边大学生群体的道德现状表示非常满意，60.66%的学生表示满意。从自评及他评的数据可以反映出大学生群体道德现状评价主流较好。

（四）大学生道德认知受多层面因素影响

调查数据较大程度反映了大学生的道德认知受多层面因素的影响。其中主要包括同学群体、家庭环境、社会环境三大方面。81.26%的同学认为身边同学群体给自己道德认知造成影响，94.85%的同学认为家庭环境是另一个影响因素，91.17%的同学认为社会风气也是一个重要的影响因素。由此说明，大学生道德认知状况是多层面因素影响的结果。

三、大学生道德认知面临的困境

（一）社会环境影响：多元价值冲击道德认知

大学生道德认知受社会环境的影响较大。在全球化时代及社会交往更为便捷的环境下，大学生面临的并不是一个封闭的校园环境，而是以更为开放、好奇的心态去回应社会多元价值。中国传统文明中的礼让、体谅、和谐等价值，逐步受到西方拜金主义、利己主义、享乐主义等观念的冲击。当代大学生生活在较为优越的环境中，缺乏一定的情感联结，其道德认知容易受表象的影响而产生偏移。利他是道德认知中的重要价值标准，一切利己的、拜金的、享乐的价值观念都与之背道而驰。西方价值渗透、网络不当言论引导等，都对大学生道德认知产生负面影响。

（二）高校人才培养导向：工具理性高于价值理性

立德树人是教育事业的首要任务，“德”是核心。然而，在市场经济、人才供需结构性矛盾、社会人才考量标准等因素的影响下，高校在人才培养过程中，工具理性与价值理性间的衡量存在一定的矛盾。目前对于高校综合实力的考核或评价中，相关成果的量化指标直接影响高校的投入和培养方向。科研经费、学生就业率、学生考试通过率、考证率、考研录取率等成为相应指标。高校在人才培养过程中，工具理性与价值理性之间的权衡取舍，对于大学生有着一定的价值导向影响。“唯指标”的考评方式，所反映的是工具理性倾向高于价值理性。高校是影响大学生立德成人的场所，价值导向偏移对于学生的影响不容忽视。

（三）学生德性养成：知行断裂，道德认知内化—外化脱节

“知易行难”广为人言，在道德认知与道德践行中，知行断裂现象并不少见。道德认知是个体内在的认识，其外化为行为，需经过一定的中间环节，即道德判断。大学生是受教育程度较高的群体，其接收的知识与资源，接触的人员群体，都对其道德认知水平的提升有着一定的促进作用。然而，面临实际道德行为时，多方面因素将影响大学生的道德判断，是否有能力、是否适合、是否有后患、是否有利益，都影响大学生的道德行为选择。因而，道德判断直接关系道德认知与道德践行的有效衔接，道德知行是否断裂，很大程度上取决于大学生的道德判断。

四、大学生道德认知重构的德育途径

大学生道德认知困境反映出大学生道德认知的多层面矛盾。大学生处于特殊的成长阶段，其身心发展特点决定了大学生处于自主意识强烈与自我判断相对模糊的矛盾之中。在这一成长的过渡阶段，大学生的价值观念形成至关重要。突破目前当前大学生道德认知的困境，采用有效的德育途径，重构大学生道德认知，是新时期的德育任务。

（一）高校德育对话观念转变：化权威为对话

在传统的德育对话中，教师居于权威地位，以一定的道德规范和标准对学生提出相应道德要求。教师与学生之间形成单向度的教育，学生缺乏教育过程中的主动权和话语权。然而，教师和学生，只有共同进行角色参与，参与互动、讨论、体验，以对话的方式进行道德学习及德性养成，其德育效果才能更为有效和持久。权威的过程是直接果断的，效果也许立竿见影，但是难以引起个体道德认知层面的认同。在对话中，教师层面，可了解学生的思想行为特点、身心发展规律，学生层面，可在讨论体验中引起共鸣，接纳相关道德规范。

（二）高校德育行为导向转变：化他律为自律

大学环境与中学环境有着较大差异。大学生在校园中的行为需要自觉自律，教师给予学生的只是方向上的引导，实际的行为活动则是学生自主进行。高校德育在学生的行为导向上应当与该环境特点相匹配，依靠强制甚至外在惩戒等方式，所得到的教育效果并非根本性的引导。道德认知本质上取决于自我意识的觉知，外力是作为辅助性的支持与影响。在关于“大学生道德认知能力提升应依托什么”的调查中，选择“个人自觉”所占比重最大，高于学校教育、家庭教育和社会环境影响。由此可见，高校德育行为导向应减少外在条件对学生的强制要求或规范，而是营造良好的氛围及隐性文化，给予学生潜移默化的内在影响，促使学生通过自律，得到个人道德认知的发展。

（三）高校德育实施模式转变：化特殊为常态

“道德”体现在个体生命中的任何阶段，只要存在社会交往，道德就伴随而存在。根据科尔伯尔道德认知发展理论，道德认知是具有阶段性和发展性的，德育的进行也就不可能只在某个节点上进行，而应当是一个常态的、连续的过程。高校德育实施模式应转变其特殊性，仅是依靠某一课外活动，某一德育课程来进行，效果是有限的，往往只能流于形式，难以形成系统而有效的引导作用。在相关调查中，有 84.56%的学生认为高校道德教育的实施程度并不理想，认为“道德教育开展不太多”的占 72.43%，认为“开展极少或无”的占 12.13%。关于教育效果的调查，有 41.55%的学生对高校德育效果持否定态度。由此可见，缺乏持久的、常态化的道德教育，学生的否定态度非常鲜明。因此，将高校道德教育常态化，开发隐性教育课程，在校园环境、校园氛围中引入更多的道德规范体验，让学生在道德情境中自我体验和学习。教师的育人角色也应当常态体现。“师者也，师之以事，而喻之以德也。”教师的品德和素质在潜移默化中影响着学生的道德认知和行为养成。做好教师角色示范，也是高校德育常态化的一个重要要求。

第二节　大学生道德话语理性构建

习近平总书记强调，“高校立身之本在于立德树人”。大学生在互联网时代的话语、行为应当引起高校重视。自媒体环境下，大学生的人际互动场域主要集中在网络空间。话语是互动交往的语言载体，基于一定道德意识及道德评价而进行的语言表达，是道德话语。在自媒体环境下，有必要进行大学生道德话语现状研究，以呈现大学生道德认知度、关注度，反映大学生道德话语规范要求，反映大学生道德话语真实性、规范性、严谨性以及大学生道德话语践行积极性等。掌握相关现状，可建构有一定理论支持、符合现实要求、用语规范、评价理性的道德话语体系。

在人类交往活动过程中，语言作为其中的载体，起到信息传达、情感交流的工具作用。在自媒体环境下，人与人之间的互动场域得以扩散，面对面的实际语言交流，已扩展为更广范围的交流与互动，话语已突破时空及互动双方的界限，呈现出更广义的内涵。道德话语是自媒体环境中，关于话语的伦理性思考。当前，大学生在网络环境中的道德话语呈现出新的特点，碎片化、非理性化、虚拟化、夸张化等道德话语一定程度上影响大学生道德践行。网络道德失范事件引起教育工作者重视，网络“人肉”、网络“道德话语绑架”、网络“道德话语暴力”等，对大学生的社会交往及身心健康，产生较大影响。

一、道德话语内涵

梁簌溟曾提出：“中国社会是一个以伦理为本位的社会。”[1] 在伦理社会中进行道德思考，是社会环境趋使，也是人际交往的本能回应。道德话语伴随着行为互动及道德思考而产生，是道德认知的外化，也是道德践行的言语表征。语言学上对话语有如下定义，“是一种隐匿在人们意识之下，却又暗中支配各个群体不同的言语、思想、行为方式的潜在逻辑”。[2] 话语有异于语言，话语有其逻辑，形成一定体系，蕴含一定的思想、态度或价值观。因而，话语中折射出的思想意识及价值观，对社会环境起到不可估量的作用。道德话语，是围绕道德问题而建构起来的话语体系，是人们在言语交际过程中，由个人道德观念及社会环境共同影响下，形成的观点、意见或言论。

在自媒体环境下，网络空间中的道德话语，由于受时空范围、交往方式等影响，呈现出相对特殊的话语特点。网络道德话语在高校环境中，一方面，具有时效性，自媒体时代是更新速度迅猛的时代，在此背景下，网

---

[1] 梁簌溟. 中国文化要义［M］. 上海：世纪出版集团，2003：94.

[2] 胡学常. 文学话语与权力话语——汉赋与两汉政治［M］. 杭州：浙江人民出版社，2000：31.

络道德语言也随着环境及载体的变化而顺应发展更替，这是网络道德话语难以形成相对固定的语言逻辑体系的主要原因；另一方面，具有个体差异性，大学生是个性彰显、表达、交流、互动活跃的群体，其话语方式通常是个性的直接反映。因此，大学生群体中的网络道德话语，受个人性格特点影响，较易形成较强的个体差异性。

二、大学生道德话语现状

本研究对于当前大学生道德话语现状展开实证调查，取样于1000名在校大学生。数据显示：绝大多数大学生频繁使用自媒体平台，“频繁”及“非常频繁”参与自媒体的大学生占总样本的90.86%。绝大多数大学生频繁使用自媒体平台。根据调查，大学生道德话语呈现出以下现状：

（一）对“道德”的认知及关注程度较高

道德话语是基于一定的道德认知而形成的，关于大学生对“道德”的认知程度，23.85%的学生对此的认知程度是“非常清晰”，67.30%的学生对此的认知程度是“清晰”。由此可见，大学生对“道德”的认知程度较高，选择“非常清晰”及“清晰”占绝大多数，达91.15%。此外，关于大学生是否关注“道德”话题的调查中，81.15%的学生持肯定回答。调查结果说明，关于“道德”，大学生的认知及关注程度较高。

（二）对道德规范要求较高

在自媒体平台中，学生进行言语的单向表达或双向互动交流。任何的言语或行为都有其规则、规范或要求，其标准也是不尽相同。在此问题上进行调查，数据显示，大学生在自媒体环境中，对个人及他人的网络语言道德规范要求较高。其中，对个人的要求高于对他人的要求。88.59%的大学生关于“对个人的网络语言道德要求”选择了“非常高”或“高”，而“对他人的网络语言道德要求”相应的肯定评价所占比重略低于前者，占67.11%。

（三）道德话语真实性、严谨性较高，有效性较弱

大学生在使用自媒体平台过程中，其道德话语（指在自媒体平台上提

及的与道德相关的一切观点、要求、评价等）的严谨性、真实性较高。关于严谨性，75.06%的学生认为其道德话语是“非常严谨”或“严谨”；关于真实性，86.43%的学生认为其道德话语是“非常真实”或“真实”。以上数据说明，大学生的道德话语真实性及严谨性较高。然而，关于大学生道德话语的有效性调查（指他人对自己的道德话语的回应情况），选择“非常有效”或“有效”的，占63.34%。较之大学生道德话语的真实性和严谨性，其有效性是相对较弱的。

（四）道德话语较大程度反映道德认知

关于道德话语对道德认知的反映情况，调查结果显示，90.26%的大学生认为其道德话语是“完全反映”或“反映”其道德认知。数据表明，大学生的道德话语是基于一定的道德认知而表达出来，也是在个人的观念、意识的指引下进行言语的输出。道德话语并非凭空产生、随意表达，而是在道德认知的基础上形成的。

（五）道德话语践行积极性较高

道德话语是否有实际践行，即反映了言行是否一致问题。关于大学生在自媒体平台上对自己道德话语的实际践行情况调查，78.27%的学生持肯定回答，选择“非常积极”或“积极”。由此说明，大学生在自媒体平台上提出的道德话语，其践行积极性较高。然而，有21.63%的学生对此持否定回答，反映出尚有部分大学生在此问题上言行不一，该数据结果应当引起思考，关注大学生道德话语与道德践行不一致的问题。

三、自媒体环境下大学生道德话语理性体系建构

自媒体环境下大学生的道德话语现状，反映出大学生在特殊的交往空间中的道德观念。道德话语体系的理性建构，既要从观念上、思维意识上进行引导，重视道德话语的隐性建构，也要从话语方式、话语内容等方面进行规范，重视道德话语的显性建构。

（一）理论支持：以马克思主义道德话语权为道德权威引导

马克思主义道德话语代表主流价值，在时代环境的变化过程中，马克

思主义道德话语并无产生质变，而是在变化的环境中发挥着其现代价值。“在全球化带来的道德话语的零散化、碎片化状态使传统马克思主义道德话语走出了古典时代的教堂与法院，来到了后现代舞厅。”[1] 变幻莫测的环境以及多元文化影响，道德话语的价值导向性、规范性及逻辑性，更易存在不确定因素。坚持以马克思主义道德话语权作为道德权威引导，这是个人形成正确价值意识、发表规范道德话语、进行理性道德评价的理论基础。应在大学生第一课堂教学、第二课堂活动组织中，融入马克思主义道德话语权威，给予学生正面、积极、主流的价值引导。

（二）现实要求：道德话语生活化、具体化，提高有效性

道德话语的可实现性直接体现道德话语的信服度及有效性。抽象化的道德话语，难以直接反映个人道德观念，其可理解性较弱；教条化的道德话语，缺乏一定的人性关怀与情感体谅，其可接受性较弱，甚至引起对方抵触心理。实证调查显示，大学生在自媒体环境中的道德话语有效性相对较弱，这与其道德话语表达方式不无关系。现实交往环境中，将道德话语生活化、具体化，渗透在具体生活事件中，更能起到实际效果，引起对方的共鸣，在日常中做到文明礼仪、礼让他人、不出恶言等。

（三）用语规范：网络道德话语客观化、严谨化，提高可信度

自媒体环境下，网络话语呈现出碎片化、零散化特点，其主观性及随意性较之传统媒介更为明显。大学生是网络活跃群体，道德话语特点直接影响个人道德认知及道德践行。因此，规范大学生网络道德用语，避免道德失范、道德无用论、非主流道德话语在大学生网络互动空间进行传播。客观化、严谨化的道德话语，可提高大学生道德话语可信度，从而促进大学生在自媒体交往中，道德话语传播的良性循环。规范大学生网络社区、网络平台用语，开展文明网络道德用语相关主题活动，都是可践行的途径。

---

[1] 张寿强，李兰芳. 马克思主义道德话语的境况及其建构［J］. 学海，2010（11）.

（四）理性评价：道德话语评价坚持主流意识形态

大学生的道德评价话语，受其身心特点影响，呈现出一定的群体特点。因此，应引导大学生坚持主流意识形态，理性评价，避免在个人主观意识及非主流意识形态影响下做出非理性评价，从而使自身所表达的道德话语引起他人不适甚至对他人、对局部群体，甚至对社会产生不良影响。在自媒体环境以及多元价值冲突的环境中，以客观、理性的态度进行道德评价，甄别善恶、理性应对，避免利己主义、功利主义、拜金主义等思想对大学生价值取向的负面影响。

第三节 大学生社会交往行为规范

“人的本质不是单个人所固有的抽象物，在其现实性上，它是一切社会关系的总和。”[1] 在社会交往中，人不可能脱离其他群体而独立存在。这也意味着，人在社会交往中必然需要遵循一定的原则与规范，以融入、适应于相应群体中。而在此过程中，情商是社会交往中所应关注的要素。近年来，社会上人才评价中出现越来越多的“高分低能”现象，使得情商这一与智商相对应的概念越来越受到人们的关注。[2] 情商主要包括以下几种能力：认识自身情绪的能力，管理自身情绪的能力，自我激励的能力，认识他人情绪的能力以及人际关系处理能力。情商培养即是通过各种方式激发个体情绪智力的发挥。

一、大学生人际交往中情商培养的重要性

人际交往是指个体与周围人之间的一种心理和行为沟通的过程，它是

[1] 马克思恩格斯选集（第1卷）[M]. 北京：人民出版社，1995：56.

[2] 童伟中. 浅论情商培养与大学生素质教育 [J]. 现代教育科学，2006（4）.

人与人之间最基本的交往活动。大学是学生由学生身份转变为社会人的重要阶段，在这个过程中，大学生的人际交往是影响其学习、生活及以后的工作发展的重要内容。哈佛大学教授丹尼尔·戈尔曼的研究表明，在影响人才成功的因素中，智商只占了20%，而80%则归因于情商。

（一）情商培养促进大学生提升自身素质

大学生的素质发展是多方面的，以往那种高度重视人的智商水平，重视知识性、理论性学习的理念已无法满足大学生全面素质发展的要求。在大学生的人际交往活动中，情商这一关键要素起着重要的作用。首先，在人际交往中表现出来的认识自身与他人情绪的能力有助于大学生健康人格的形成。合理、正确地认识自身与他人的情绪，能够知己知彼，与人为善，养成良好的素养；其次，在人际交往中表现出来的管理和调控自身情绪的能力，能使大学生以平和、稳重的心态与人相处，从而练就一个人的气度与涵养；最后，在人际交往中表现出来的社交能力，是体现大学生综合素质的重要方面。社交能力是指在与人交往的过程中所表现出来的言行举止，反映出一个人的文化素质与道德素质。

（二）情商培养引导大学生适应社会发展要求

在知识经济时代，社会发展对人才素质的要求越来越高。应试教育背景下培养出不少“高分低能”大学生的现象引起各界的关注。大学生的智商是处于社会所有人群的中上层，而在大学生的人际交往中，情商起很大的影响作用。首先，在与同龄同学朋友的交往过程中，情商培养有助于大学生发现自身与同学朋友的优势与不足；其次，在与父母、教师等长辈的交往过程中，情商培养有助于大学生习得长辈的人生经验和社会阅历，通过学习间接经验进一步提升自我；最后，在与社会群体的交往过程中，情商的培养有助于大学生了解社会的发展趋势以及人的交往心理、交往规则等，日渐形成一定社交能力，较好地适应社会发展的要求。

（三）情商培养影响价值观念形成

当前大学生所面临的是一个价值取向多元、利益纷争复杂的社会，在这样的社会环境中，坚持正确的价值观念，对于大学生的成长成才来说，尤为重要。在人际交往中，人际关系可以帮助人们获取一定程度的社会资本并帮助他们达成某些工具性目的。❶ 因此，大学生在人际交往过程中，如果缺乏一定的思想指引和判别能力，则很容易在利益的驱逐之下形成错误的价值观念，对其学业和工作生活造成负面影响。情商有别于智商，对大学生进行情商培养，在于激发大学生的情感反应及情绪的认知、调控和管理等方面的能力。大学生正确价值观念的形成并非依靠理论知识的灌输和引导就能达到，更大程度是在人际交往过程中产生的情感体验和情感共鸣中形成某种价值取向的。

二、大学生人际交往存在的问题

当代大学生在人际交往中存在着诸多问题。一方面，当前社会环境纷繁复杂，多种价值取向充斥在大学生的学习和生活中；另一方面，大学生来自不同地域、不同家庭背景、生活习性不一、性格特点各异。这就决定了大学生在人际交往中存在着各种各样的矛盾问题。

（一）认知偏差导致人际交往中的矛盾心理

认知偏差包括两方面的偏差，一是对自我认知的偏差；二是对他人认知的偏差。首先，高估自己，低估他人容易在人际交往中出现自傲心理。大学生的身心有着年龄特点，自我意识、自信心在青年时期往往较为彰显，过度的彰显则会对于大学生良好人际关系的建立产生不利的影响。其次，另一个极端是自我贬低而高估他人，这容易在人际交往中形成自卑心理。性格孤僻、内向的大学生往往怯于与人交流沟通，甚至认为别人高不可攀，自己低人一等，因而形成自卑的心理。最后，对自我和他人认知偏差导致的嫉妒、猜疑、恐惧等心理。大学生的交往人群大多是同学，如果对他人缺乏正确的认知，则很容易出现异常的心理，如猜疑他人会对自己

❶ 周建国. 关系强度、关系信任还是关系认同——关于中国人人际交往的一种解释［J］. 社会科学研究，2010（1）.

做出不利行为，悲观害怕，杞人忧天等，这无疑会影响他人与自身的正常生活，从长远来看，更是不利于大学生健康人格的形成。

（二）情绪调控不妥导致人际交往中的不当行为

情绪调控，是指对自身情绪的调节和控制。大学生有着较为典型的年龄特征，在人际交往中，过度张扬激进或过度冷漠低沉都是情绪化的表现。首先，情绪高涨，喜怒无常。大学生在交往的过程中，如果缺乏对自身情绪加以调控，则容易出现大喜大悲的状况，尤其是性格刚烈的同学表现更为明显。情绪失控容易使人失去理智和分析判断能力，表现出失常的行为，如傲气十足，怒气填胸，随意向他人发脾气等，这难免会导致尴尬的氛围和紧张的人际关系。其次，情绪低沉，消极低落。部分大学生由于性格内向、孤僻而对很多人和事没有兴趣，以一种冷漠和消极的态度来对待。这种消极情绪究其原因都是大学生对自身情绪调控不合理所致。每个人都有适应各种环境和锐意进取的潜能，如果在自己失意、挫败时不懂得调节消极情绪，转消极为积极，化悲伤为力量，则很容易出现低沉、萎靡不振的状态，对正常的学习生活和人际交往产生不利的影响。

（三）价值取向多元导致人际交往中的工具理性与价值理性选择矛盾

当代大学生生活在一个价值取向多元的环境中，这个复杂环境下的人际交往充斥着工具理性选择与价值理性选择的矛盾。一方面，由于大学生是一个特殊的群体，其生活的环境是较为单纯的学校环境，在这种环境的熏陶之下，大学生易于保持着对物欲的拒抗和对精神理念的坚持；另一方面，社会的激烈竞争及生活压力又促使大学生在人际交往中会考虑某些利己的要素与手段。“当代中国陌生人间建立交往并维持关系很大程度上是功利性价值取向在潜在指挥，一方面是利益的驱使，另一方面是信任的保障，也有传统“缘”观念的打赌性试探。”[1] 为了适应社会发展，为了自身的长远生存和发展，大学生在人际交往中难免会做出工具理性选择。价值

---

[1] 鲁小彬. 当代中国熟人间的人际交往——对人际信任和交往法则变迁的探讨[J]. 中南民族大学学报，2006（1）.

理性选择和工具理性选择都有其合理性，但如果没有权衡两者的关系则很容易导致价值取向脱离正确轨道。当前大学生在人际交往中容易出现工具理性选择倾向明显的现象。在人际交往中过于强调工具理性选择，将直接导致大学生功利、虚荣、现实等不良心理及行为表现。

三、大学生人际交往中情商培养的对策

大学生人际交往中的情商培养是一项系统工程，既需要全社会的广泛关注与支持，也要求学校教育的不断完善，更在于大学生自身的努力。

（一）社会应广泛关注，多渠道探索培养方式

1. 组织开展面向大学生的集体活动或培训

针对大学生的身心特点及兴趣，高校可定期开展面向大学生的集体活动或培训。通过活动，调动学生的参与意识，引导大学生在集体活动的参与中提高与人沟通交流、合作协商的能力，摸索与人交往的合理形式，逐渐形成正确的价值取向。各种形式的集体活动，为学生融入社会、规划职业和理想奋斗奠定情商基础。

2. 加大关于重视大学生情商培养的宣传力度

大学生人际交往中的情商培养需要得到广泛关注，只有全社会意识到其重要性，情商培养过程才能进展顺利并取得良好效果。因此，加大大学生人际交往中情商培养的宣传力度，是一项重要的措施。加大宣传力度有多种形式，一般可通过媒体宣传，如报纸、电视、网络等公益广告，也可通过举办相关讲座、交流会等方式进行宣传。

（二）学校应高度重视，完善教育体系

1. 将大学生情商培养纳入课程体系中

将大学生情商的培养纳入教育计划中，在教育内容中增设情商教育课程，是提高大学生人际交往中的情商的重要途径。因此，高校应当进行课程改革，将情商的培养纳入教育规划中，在课程设置和教育形式上大力改革，使“诸如公关修养教育、自尊自强自爱教育、自制力教育、善待他人

教育、性文明教育、友谊与情感教育、公平竞争教育等”情感教育落实到实处，见到实效。[1] 在高等教育内容中增设情商培养课程是符合大学生的实际需求的，而根据教育内容所采取的方式则需根据实际情况灵活开展。

2. 逐步建立大学生情商教育评价体系

建立大学生情商教育的评价体系，可促进大学生情商教育的不断完善，一方面可增强学生及教师的积极主动性，另一方面也可使情商教育更加系统化。教育活动是否实现了教育目标只有通过评估才能判断和确定。当前，智商的评估体系已较为系统和科学，然而，情商由于其心理学特殊性，很多因素难以量化，难以精确把握情商值，从而导致教育效果的检验和衡量工作困难。因此，情商教育必须通过长期的实践和经验总结，寻找一套检验教育效果的标准和手段，使情商教育有标准可循。

（三）大学生应增强意识，重视自身情商的培养

1. 努力提高自身情感认知和情绪调控能力

大学生要与他人进行良好的人际交往，必须提高自身的情感认知和情绪调控能力。首先，应了解自我情绪，只有敏锐地察觉情感的出现和随时的变化，才能有效控制自己的情感；其次，应注意管理自身情绪，控制过激情绪，保持平和的心态与人相处，避免矛盾和冲突的出现；再次，要学会自我激励情绪，只有懂得在困难与挫败面前保持乐观的心态，通过自我激励，才能始终保持自己的人格魅力；最后，应注意理解他人情感，处理好人际关系。只有懂得换位思考，同情他人，运用“同理心”心理与他人相处，才能与人为善，形成和谐的人际关系。

2. 运用自我教育法及时调整自己在人际交往中的情商

情商不是一个量化的概念，情商的修炼需要在细节中、在长期的行为习惯中逐渐形成。大学生的人际交往是一个复杂的持续的过程，只有自己才是自始至终的主体。因此，运用自我教育法来促进人际交往中情商的培养，是一个重要的方法。首先，可采用自我省察法。通过自我意识来省察自己言行

---

[1] 胡锦绣. 当代大学生情商教育探析［J］. 工作研究，2007（12）.

的过程，是自我意识能动性的变现，是行之有效的德行修炼方法。[1] 大学生应当在人际交往中表现出德才兼备的风范，否则将不利于良好的人际交往关系的形成。自我省察法可有助于大学生及时发现自己言行举止存在的问题，以进一步完善自我。此外，可以采用自我暗示激励法来调整自己在人际交往中的情商。积极的语言和心理暗示通常能给人以一股正能量，激发人思想上进，避免消极、沉闷的心理，以饱满的热情与人交往。

---

❶ 董宇艳. 德育视阈下大学生情商培养研究［J］. 黑龙江高教研究，2010（8）.

心理健康教育

第一节 自主化心理健康教育

一、心理健康教育现行状况

（一）教学实施的困境

心理健康教育，在高校中经常处于“说起来重要，做起来次要，忙起来不要”的尴尬境况。每当校园出现心理危机时，思想政治教育工作者便临时扮演救火员身份。由于工作观念偏颇，意识上难成合力，因此，心理健康教育工作远达不到其应有的重视。❶ 再者资金投入比较微薄，心理健康教育的专项建设投资相对不足。多数学校经费不单列，投入随意性大。更重要的是，当前心理健康教育内容、方法、途径有限：教育途径窄化、

❶ 魏荣，魏婧. 高校网络化心理健康教育探析［J］. 琼州大学学报，2004（4）：25-26.

教学内容模糊、教学方法单一。[1]

（二）师资建设的不足

1. 人员流动性大，师资架构不稳定

高校中，心理健康教育专职教师人员配备不足，因此，教学实施中部分师资源于校内兼职教师招募，这使课程的教师队伍组成流动，而且各兼职教师的自身专业背景不同，甚至有的学科跨度较大，从而影响师资队伍的架构的稳定性。

2. 行政归属复杂，管理难

由于心理健康教育兼职教师所占比例较大，其自身也有有所属的行政管理部门，这使教学管理工作难于协调进行，无法对教师的教学质量进行控制，同时激励制度不健全，无法调动教师的教学积极性。

3. 专业水平良莠不齐，缺乏培训

兼职师资队伍中有部分教师原有专业背景与心理学跨度较大，加之专业培训有限，因此在教学过程中常感力不从心。

4. 教师工作量大，疲于应付

在高校中，心理健康教育课程教师队伍的很大一部分为辅导员。然而，辅导员工作量大、事务琐碎，分身乏术，使其难以兼顾心理健康教育课程。

针对上述情况，为有效改善心理健康教育实施的窘况和师资力量不足等问题，本书提出对心理健康教育课程进行课程改革，实施自主教育的转型，以充分发挥教学中学生的主动性和创造性，通过理论与体验相结合，讲授与训练相结合的方式，实现学校、家庭、社会资源合理整合，完善高校心理健康教育。

---

[1] 傅荣. 网络教育、网络心理教育与青少年心理健康［J］. 赣南师范学院学报，2001（4）：75-77.

二、自主化转型的理论依据

（一）为心理健康教育的特殊性

高校学生心理健康教育课程既有心理知识的传授，心理活动的体验，还有心理调适技能的训练等，是集知识、体验和训练为一体的综合课程。课程要注重理论联系实际，注重培养学生实际应用能力。在教学中，强调学生的自主性和创造性，教师应尊重学生的主体性，充分调动学生的积极性和参与性，实现师生关系的平等、互动，避免单向的理论灌输和知识传授。在知识传授方面以学生的自我探索为主、任课教师的教授为辅。同时，提倡学生的体验式教学。教师应丰富教育形式，结合心理技能训练，着重学生的体验和分享，促使学生将课堂中习得的心理机能迁移到日常生活情境应用中，使学生在内化心理知识的基础上实现自我优化。对高校学生的心理健康教育除了课堂教学外，更强调校园隐性教育和整体教学氛围的营造，充分利用各种可整合的资源，调动学校、家庭、社会资源补充辅助教学。

（二）自主学习与自主教育

古希腊时期教育家苏格拉底主张学生在学习过程中的主动思考和其在学习中的首要地位，提出教师的任务是做一名“助产士”，引导、协助学生的学习，而不是单纯将知识传授给学生。时至今日，更多的教育工作者认识到被动学习、机械学习的缺陷，自主学习作为一个新型的学习理念越来越被大众所接受和采纳。[1]

所谓的自主学习是学生的一种主动的、建构的学习过程，其中学生首先为自己设定学习目标，其次调节他们的认知、动机和行为。这个过程既由学生的目标和学习情境的特征引起，又受到目标和情境特征的限制。有研究表明，“自主学习”有助于促进学生的内在动机与自主学习能力的发

[1] 谢亚军.“互联网+”背景下大学生网络心理健康教育机制构建［J］. 铜仁学院学报，2016，1803：181-184.

展，因为在这种环境中，学生能够控制和调节学习任务、课堂氛围以及教学过程，如设计学习任务、自主分组与合作，自主评价学习结果等。❶

结合心理健康教育的特点和自主学习的优势，提出心理健康教育的自主教育模式——在教学中教师积极创设情境，引导学生由被动到主动、由依赖到自主、由接受性到创造性地对教育情景进行体验，并且在体验中学会避免、战胜和转化消极的情感和错误的认识，发展、享受和利用积极的情感和正确的认知，使学生充分感受教学活动中的欢乐与愉悦，达到促进学生自主发展的目的。与传统讲授式的心理健康教育模式相比较，自主教育的优势如表 4-1 所示：

表 4-1 自主教育与讲授式教育的对比

对比项	自主教育	讲授式教育
获知途径	学生主动建构心理健康知识	教师向单向传递心理健康知识
教学模式	强调理解、体验、实践和应用，激发学生的能力发展	强调对理论知识的识记
学习策略	运用教育心理学的有关模式	依赖机械记忆
学习状态	主动学习	被动学习
学习结果	使学生充分感受教学活动中的欢乐与愉悦，达到促进学生自主发展的目的	学习结果反映了学生的个别差异
激励来源	内在激励为主，如学生兴趣	外在激励为主，如考试成绩
课堂参与	参与权分散于课堂教学的参与者，所有学生均有机会参与课堂管理	教师是唯一的领导权威，只有个别学生辅助教师参与课堂管理
规则制定	师生共同建构和协商关于课堂教学应遵循的规则	教师单独制定规则，将其应用于学生群体

❶ 刘玉春，袁永峰．“互联网+”时代大学生网络心理健康教育研究［J］．内蒙古农业大学学报（社会科学版），2016，1803：92-96.

（三）心理健康教育自主化的特点

1. 注重亲历参与行动

心理健康教育自主化由原来的学生接受式学习的模式转变为学生发现式学习的模式，将学习的主导权回归到学生手中，让学生成为学习的主体，重视学生自主性、独特性和创造性的培养，全面提高学生的整体素质和能力。教师鼓励学生走出传统课堂的板书教学模式，将课堂延伸到校园中。教师在完成了理论部分的教学内容后，将组织和带领学生进行心理健康实践训练活动。以学生为主导，教师协助，根据学生的自身情况、专业特色、实际需要而制定实践的内容和题材，可谓是“量体裁衣”式的主动学习，使同学们有一个愉悦、实用、合乎自身情况的自主实践的课堂。同学们在实践中自主发现一些心理学的理论知识，通过实践强化巩固这些知识并将其迁移应用到自己的实际学习生活中去，从而调动学生学习的自主性，力求使其自知、自信、自律，具有较高的创新精神和承受挫折、适应环境的能力。

2. 注重激发感受情感

美国著名教育家詹姆斯认为，教师要在情感体验的这一过程中把握学生的情感流向，使他们的情感提到一个恰当的高度，这样就牢固地掌握了教学的主动权。心理健康教育的过程中教师应按相应的教学内容创设相应的情感环境和教学情境，以唤醒学生情感与经验积累，能使学生感受情感的潜移默化的熏陶作用，参与角色转化，引发共情和同感，产生情感体验，促使教学升华。

3. 注重团体合作分享

心理健康教育自主化特别强调学生在课程中自主、合作与探究的学习方式，改变传统的以教师为中心、课堂为中心和书本为中心的局面。在心理健康教育中的团体合作是指学生就特定的心理知识、技能组成若干成长性的小组或团队，共同完成成长目标和学习任务。在成长性的团队中有明确的责任分工和互助性的学习，组员间平等地进行情感交流与沟通，促使学生认知和情感的变化，达到共同成长的目标。[1] 在课堂中，教师应树立团体成员人人平等的意识，把每个学生都看作是具有无限潜能的生命体，并把合作学习中的决策权归还学生，树立学生课堂上主人翁的意识。激发学生更大的成就动机和内在动机，促使学生产生更高的成就感，产生更多的有效行为，保持更好的心理健康、心理调节和心理状况，获得更高的自尊和自信，与组内成员间建立起积极的、支持性的同伴关系，增强其社交能力。[2]

4. 注重师生共同成长

心理健康教育自主化尊重学生的主体性，强调教学双向互动，避免单向的理论灌输和知识传授，注重师生共同成长、助人与自助。主要从两个方面体现：

第一，心理训练实践由师生共同创造、经验共同积累。心理健康教育自主化强调学生的实践体验，学生有自主决定权选择合适自我身心训练的学习内容。但这不意味着脱离教师的指导，而是教师围绕学生实际需要而设定的学习内容，结合自身教学经验，与学生一起共同创造实践，积累经验，共享生成，发展成长。

第二，师生心灵上的触碰，精神敞开，彼此接纳。课堂上师生相互倾听，对话交流，真实的敞开心扉和自由表达。在教学过程中师生精神的相遇、理性的碰撞、情感的交流。教师帮助学生在交流中发现和正视其认知上的不合理成分，认识并接纳学生的个体差异，助其成长，达到助人与自助。[3]

（四）实施心理健康教育的自主化的可行性

这种教学形式的转变既解放了教师的生产力，同时也对教师的素质要求更高。传统的教学模式中，课堂的唯一管理者是教师，知识源于授课教

---

[1] 文涛. 论有效的课堂小组合作学习［J］. 教育理论与实践 2002（12）：53-56.

[2] 陈向明. 小组合作学习的组织建设［J］. 教育科学研究 2003（2）：5 8.

[3] 王萍. 课程：师生共同成长的轨迹——对课程的实践感悟［J］. 教学与管理 2007（6），46-47.

师，信息是单向传导，学生参与度低。而实施教学改革后，课程的重心下放到学生，学生积极参与课程的管理与设计，信息是多维传导，实现师生互动教学。此时教师扮演的角色仅为课程的引导者，学生的参与度提高，相应会激发其内在学习动机，使其参与课程的选题、教学设计、活动组织与开展等。教师的生产力将会从纷繁复杂的教学管理中解放出来，使教师能高效地投入教学工作，参与到更多班级的教学工作中，令更多的学生班级受惠。但这也对任课教师的专业素质、教学组织能力、责任心提出了更高的要求。如果任课教师未能很好地了解教学内容和学生身心发展规律，未能用心设计教学环节和精选教学内容，这种教学方式便成了形式主义，教学缺乏引导和组织，课堂便成了“放羊式教学”，从而损害了学生的求知的权利。

三、自主化教育的策略与技巧

（一）创设情境，引发思考

心理健康教育的课堂上所教授的知识多为服务于学生日常的学习生活，脱离了学生的实际需要，单纯的理论灌输会使课堂乏味无趣。因此，教师应当理论知识与学生实际应用相结合，多创设贴近学生学习生活的实际情景，在提升课堂知识的实用性的同时促使学生知识发生迁移，使其所学的心理知识能服务于其日常生活。情境教学可生动形象地促使学生对问题的理解，从而引发学生对该问题的思考，在情感上与学生共鸣。

（二）结合测验，自我检视

进行心理健康教育的其中一个重要任务就是培养和发展学生的自我意识，完善其自我认知，塑造健康人格。心理测验可以作为一种教学的辅助手段进入心理健康教育的课堂。心理测验一方面能提供一次自我审视的机会给学生检视自身心理健康状态，同时揭示学生普遍存在的心理问题，为教师开展有针对性的教学提供了学的依据；另一方面，学生在参与心理测验的过程也是一个自我认知的过程。结合测验的结果对学生提供有针对性的指导能帮助他们更好地发展自我意识，使其客观正确地认识自我，树立正确的自我价值观，塑造健康的人格。

（三）角色扮演，切身体验

在心理健康教育的课堂上，心理剧、心理小品经常作为一种教学的手段用作活跃课堂气氛，促发学生思考。其本质是通过案例的角色扮演促发学生的切身体验。然而角色扮演归根到底是共情、同感的技术在心理教育上的运用。教师通过筛选具有代表性的案例，在课堂教学中进行角色扮演，将设定情境展现在学生面前，促使角色扮演者和观众对案例中的角色发生共情、同感，产生切身体验，再对其加以适当的正面引导，使其在心理上萌生一些感悟和变化，以达到预期的教学效果。

（四）讨论分享，积极引导

心理健康教育课堂讲求师生的互动交流，学生的讨论与分享是接收课堂教学信息后的一种重要反馈，学生接收教师所传递的知识后，将会在其认知结构促发转变，将新的知识纳入已有的认知系统中，生成新的认知概念。然而学生旧有的认知体系、过往经验会对新的知识学习产生影响。同时，学生形成的新知识也因个体差异而有所不同，会存在认知上的偏差。因此，学生的讨论和分享是教师把握学生心理活动的风向标，注重师生互动交流有助于教师对学生进行积极引导，纠正学生在认知上的一些偏差，从而教学相长。

（五）拓展延伸，加深认识

心理健康教育是为提高大学生的心理健康意识，增强心理素质，学习心理调适、应对挫折和环境压力的能力而设置的教育形式。对大学生进行心理健康教育的目的在于培养大学生良好的心理素质和健全人格，评价心理健康教育工作的质量标准关键在于学生是否懂得在日常的生活和学习中运用所学的知识解决自身的心理问题，对自己的心理状态进行调适，而不是考查他们能记住课本中多少的内容和理论。针对心理健康教育这门学科的性质，教会学生心理健康常识固然重要，但心理健康的常识并非是理论性的、教条性的知识灌输，而是重视培养学生在实际的日常生活和学习中应用的能力。然而如何将课堂中的陈述性知识转化为实际应用中的程序性知识关键在于实践与锻炼，强调其教学的拓展性和延伸性。课堂教学的知识主要为学生应对日后现实的学习生活将要面临的成长困惑和疑虑忧思而做准备，注重心理知识在现实生活中的迁移，重构学生的认知架构，使其生成新的知识体系，学以致用，将课堂内容进行拓展，延伸到学生日常生活中，从而指导学生成长。

四、心理健康教育自主化的实施与应用

（一）以学生参与体验为主要手段

教师应善于创设活动的情境，以体验性的学习为教学模式，注重学生情绪情感体验的唤醒，激发学生的学习热情，使学生在感悟中达到心理健康发展、提高心理素质的目的。体验性的教学模式一般遵循五阶段循环模式：“导入——创设体验式教学情境——分享和点评体验感受——体验内化应用”，教学手段及辅助教学工具多样化，例如，音乐放松、图书馆资料搜索等。根据其知识传导的途径可以分为语言传递信息法、实际训练法、欣赏活动法、引导探究法等，在心理健康教育中的实际应用举例如表4-2所示。

表4-2　心理健康教育实际应用

教学模式	教学活动
以语言传递信息为主的方法	讲授法、讨论法、双人教学法、头脑风暴
以直接感知为主的方法	动力体验、人际交往法、参观心理中心、记忆比赛、音乐放松、冥想
以实际训练为主的方法	倾听技巧练习法、市场考察作业法、模拟招聘
以欣赏活动为主的教学方法	电影赏析法、美文鉴赏、学术讲座
以引导探究为主的方法	“生涯拍卖”、心理剧表演、文理科交换学习、请你来做咨询师、校园调查

（二）以主动内化与经验迁移相结合

在教学中，有关概念、知识力求学生的主动内化，避免简单的灌输。主要是帮助学生通过参与活动获得感性经验和即时信息，学习和掌握一些解决心理问题的技巧和必要的心理科学知识，从而有效地促进学生个体心理问题的解决。心理健康的知识学习更多地强调如何将外化的理论概念内化成自身的认知，强调学生的主动建构，学会理解、迁移和应用，将课堂中学到的知识迁移应用到生活情境当中。因此学生主动参与课堂学习和知识的感知，充分调动学生的积极性和能动性十分重要。这可以使用小组合作学习的方法，通过以班干部带头，学生自由组合成学习合作小组，共同完成学习任务，从而调动每一个学生学习的积极性和自主性，同时方便班级的管理和课程的开展。

（三）与社会热点、常见问题相结合

教学过程中的素材应紧扣社会热点、学生常见问题，避免出现学习内容与实际相孤立的情况。社会热点折射出社会的主流价值观及主要矛盾，同时也是学生所关心、喜闻乐见的事情。用社会热点、学生常见问题去阐释心理学相关知识，不仅生动了课堂，丰富了学生的眼界，同时避免了单纯的知识灌输，以社会热点、常见问题作为例子，有助于学生对知识的迁移学习，帮助其内化。关注社会热点难点问题，分析和结合学生的心理动态，需要掌握教学第一手材料，这要求教师及时更新课程的例子和内容，避免一套课件，一成不变。

（四）以学校、家庭和社会教育一体化的教育为网络

心理健康教育单纯依靠第一课堂进行远远不够，应多渠道、多层次普及宣传心理健康教育工作，利用课堂教学与第二课堂等多种形式，形成课内与课外、教育与指导、咨询与服务紧密结合的心理健康教育体系，如开展心灵拓展（户外团体辅导）、校园心理情境剧大赛、心理演讲大赛、心理知识竞赛等。同时要善于利用社会资源，将社会上的优秀资源引入校园，开办心理讲座等，丰富学生心理健康教育第二课堂的学习。

（五）以学生自主学习为导向的考核机制

提倡心理健康课程的自主教育则需要一个与之相匹配的教学考核机制，考核应分为两个方向：教师自主教育情况考核与学生课程学习情况考核。若不对教师教学工作开展情况进行考核，会使教学流于形式，出现滥竽充数的现象，影响教学质量，损害学生学习利益。教师自主教育情况考核可从两方面评价：第一，学生自主教育成果汇报。第二，学生对教师教学组织的评分。而对学生的考核主要由三部分构成：理论课程学习的评价、自我成长报告和心理健康教育与素质拓展手册。

五、以易班为媒介的自主化心理健康教育

（一）理念的提出、发展及其可行性分析

对于网络心理健康教育的定义，学者们是从工具的视角出发。将互联网作为媒介进行信息的沟通和交流，实现心理健康教育。魏荣等指出，网络心理健康教育是指“心理健康教育工作者运用网络技术及相关功能，以多种方式帮助来访者解决心理问题，提高其心理素质水平的过程。”追溯文献，我国最早关注网络心理健康教育出现在2001年，当时学者提出网络心理健康教育应包含了网上心理培养、网上心理训练、网上心理辅导、网上心理咨询、网上心理诊断、网上心理治疗等。谢亚军（2016）认为“互联网+”对大学生网络心理健康教育带来了契机：提供新思路，注入新内容，增强新效果。同时也对大学生网络心理健康教育带来新挑战。刘玉春等（2016）认为，网络心理健康教育突破了传统教育的垂直传播限制，实现了教育者与被教育者之间的多维交流，使双方的等量沟通成为现实。

易班心理健康教育（以下简称“易班”）是指以易班为信息的载体和媒介，师生交流和信息传递，实现心理健康教育功能，以达到优人发展的目标。易班是集思想政治教育、学生事务管理与校园学生文化建设三大功能于一体的校园网络虚拟平台，在高等教育与管理当中得到良好的应用与推广。易班深度契合了高校师生网民的使用需求，符合师生的实际使用需

要，整合社会教育资源，调动学生群体的参与积极性，为师生互动提供了平台。

有学者指出，网络教学已成为高等教育发展的一个趋势，作为校园信息交互平台，易班目前较多关注学生思想政治教育，辅之以日常事务管理与校园文化活动等，直接涉及教学活动的内容偏少。易班的开发结合了学习组件与教学管理组件，其组织模式与结构功能同时也决定了易班应用于教学开展具有以下优势：多元网络资源扩充教学内容；集中优质师资共享教学资源；先进教学媒介扩充教学空间；优化交互平台延伸交流时空；便捷网络系统促进考评机制。❶ 目前不少学者就易班的教学功能的开发做出了尝试并初见成效。如董来玉等（2012）以易班为依托，就高校思想政治理论课教学方法的创新性做出探析；❷ 孙丽娜等（2016）基于易班平台对形势与政策网络课程教学系统进行了设计研究。❸

如前所述，心理健康教育面临诸多困境，如工作观念的偏颇，意识上难成合力，专项建设投资相对不足，师资建设滞后，教育方法单一、途径窄化、内容模糊等。该工作远达不到其应有的重视。如何高效提升大学生心理品质，创新心理健康教育模式，优化教学资源与师资，改变心理健康教育实施的窘况，是每一个心理健康教育工作现阶段迫切寻求解决的问题，而易班的诞生与应用给了我们一线曙光。

易班平台打破传统网络教育的局限，以行政班为基础有严格的身份审核机制和实名制，对教学有良好持续性和延伸性，突破传统课堂的界限，使教学更具层次性与普及性，扩展学生学习内容和个别辅导交流模式，保证师生互动的稳定性与联系性，注重教育者与被教育者的双主体关系，并对学生主流意识具有引导作用。基于心理健康教育的现状、内涵性质、教

---

❶ 涂巍. 高校心理健康教育工作现状分析及对策［J］. 当代教育实践与教学研究，2015，(9)：263.

❷ 田益民. 大学生网络心理健康教育研究综述［J］. 南方论刊，2007（12）：65-67.

❸ 董耀棠. 探究自主教育途径 推进素质教育发展［J］. 上海教育科研，1997，(12)：32-35.

育理念与易班的功能与属性有机整合，促使易班能成为提升学生心理品质的有效途径与实用平台。

（二）易班心理健康教育的应用与实施

利用易班教学功能开展线上心理健康教育课程，借助网络平台整合教学资源，集中名师力量，共享课程成果，实现教学互动，促进学生自主化学习。由于易班的组织形式以行政班为基础，能保证教学对象的同质性，为教学管理提供实施的可能性。课程教学组块应包括电子教材库、优秀教学案例视频库、作业系统、心理案例库、文献资源库、心理电影库、心理放松音乐库、专家专题讲座库、教学测评库等，如表 4-3 所示。

表 4-3　易班主要模块在心理健康教育中的应用举例

主要模块	心理健康教育应用
话题（帖子）	分享心理学知识、发布活动通知、活动感悟分享交流等
话题（投票）	心理健康教育活动主题调研、活动结果反馈调研、心理测验等
相册	心理健康教育活动照片分享、电子海报宣传、心理图片展等
网盘	分享心理健康推荐书目、分享心理健康教育优秀电影等
日程表	心理健康教育活动的日程安排
成员	点击班级成员、访问个人主页博客等，了解学生动态
消息	私下自由交流、提供网络咨询服务等
视频	上传心理健康教育活动视频、分享优秀视频等
微博	分享心理健康教育活动内容、记录学习体会等
好友	建立特殊群体的群组、开展团体辅导等

值得指出的是，一个良性的学习评价机制是高效学习的保障。因此，教学测评库应“以评督学，以评促教”，实现教师与学生双向评价体系。易班平台中的课程教学组块强调易班的师生互动性，特别是在教学中的体现。基于平等尊重、积极参与、双向互动的模式下，教师应参与易班讨论，共享教学资料，线上答疑解惑，在易班中撰写专栏、个人博客，建设名师工作室等。

目前，心理健康教育课程在高校开展多为在某时段集中授课。然而心理健康教育在实际应用中应贯穿整个大学过程。易班能打破时间节点上的局限，使教育更有延续性和延展性。在易班平台上，可以根据不同年级学生不同的心理发展需要提供相关的教学专题，不受时间和空间的局限，如表 4-4 所示。

表 4-4　基于易班分阶段开展心理健康教育模式

阶段特点	特色项目
学生适应期	新生指南、学业导航、自我管理等
学生全面发展期	规划人生、时间管理、情绪管理等
学生实习就业升学期	就业指导、经验交流、职场风云等

第二节　积极心理学的实践应用

一、积极心理学研究成果

20 世纪末，美国心理学家塞利格曼开始倡导积极心理学，通过研究人的良好品格和积极态度，使积极心理学成为心理学研究的重要方向。积极心理学是一门研究人类美德的科学，能够帮助个体了解并寻找到自身的优势，从而提升幸福感并达到一种丰盈的状态。积极心理学从整体上来说，重视研究人的积极品质，通过充分挖掘个体自身已具备的、潜在的和具有发展性的力量，促进个体和社会的和谐发展，使人类最终走向幸福。[1] 从

[1] Seligman M. E. P., Csikszentmihalyi M. Positive psychology: An introduction. In Flow and the foundations of positive psychology [M]. Dordrecht: Springer, 2014: 279-298.

个体的角度出发，积极心理学主要研究个体所具备的积极心理品质、积极情绪和积极社会关系。通过帮助个体挖掘自身存在的积极因素，激发个体的积极力量，来面对生活中的困境和挑战，从而获得幸福感。

积极心理品质可以帮助人们获得幸福感和满足感。研究表明，在大学里，教师可以通过教会学生认识并激发自身的积极心理品质来达成目标，从而有效地改善学生的负面情绪。积极情绪理论指出，积极情绪是能够扩展和建构个体持久的心理资源，以便我们在未来生活中使用。积极情绪包括感激、喜悦、自豪、希望、敬佩、激励与爱。积极情绪能促进个体产生更全面的注意力、创造力和思考力。积极社会关系涵盖了家庭、学校、社会等方方面面。积极心理学三大研究分支的关系可以总结为：积极社会关系可以促进个体培养和发展积极心理品质，从而促进个体体验到更多的积极情绪。

二、积极心理学对高校心理健康教育工作的启示

心理健康教育是高等学校思想政治教育的重要组成部分。近年来，我国高校越来越重视大学生心理健康教育工作，教育部也相继出台了一系列相关文件，如《普通高等学校学生心理健康教育工作基本建设标准（试行）》《普通高等学校大学生心理健康教育工作实施纲要》《高等学校学生心理健康教育指导纲要》等，具体指导高校开展心理健康教育工作。我国高校心理健康教育的目标是增强大学生的自我调控能力、挫折承受能力以及适应环境的能力；培养大学生具备健全的人格和良好的品质；增强大学生的自我教育能力以及帮助大学生摆脱心理问题。而积极心理学强调从人的积极面出发，个体无论身处逆境还是顺境，只要善于挖掘人的潜力和美德，培养人的“正能量”，就能为今后的美好生活提供动力。由此可见，积极心理学的理念与高校心理健康教育的目标是相互联系的，这就为高校心理健康教育工作的实施提供了新的方向。

（一）以积极的理念教育全体学生

目前，部分高校对心理健康教育的关注点依旧停留在心理出现偏差的

学生，学校采取的措施一般是开展心理咨询、进行心理辅导、及时危机干预。这就忽略了对全体学生的心理健康教育，忽略了学生自我教育、自我管理、自我服务的能力。与此同时，部分高校心理健康教育关注点的偏向也导致高校教师时刻处于“救火”状态，而学生心理问题依旧层出不穷。在积极心理学的背景下，高校面向全体学生开展心理健康教育，是符合全员、全过程、全方位育人的思政理念的。高校心理健康教育应培养学生具备积极向上的态度和品质，使学生能够积极看待自己、相信自己。遇到困难和挫折时，相信自己具备解决问题的能力。高校应该面向全体大学生开展心理健康教育的必修课，定期开展心理健康教育讲座，帮助学生树立心理健康保健意识，同时普及心理健康教育知识、提升自我调节的能力。

高校应看到社会支持系统对大学生健康成长的重要作用。良好的社会支持系统对于学生爱与信任能力的培养有重要的作用，不仅能规范学生行为、给予学生鼓励，同时也能增强学生的心理承受能力和调节能力。因此，高校应积极帮助学生建构全面的社会关系网，为学生搭建出与家人、同学、朋友、老师、学校、社会之间良好的社会支持系统，建立联动的心理工作网络，为学生的心理健康发展提供支持和帮助。当学生遇到心理问题或产生心理危机时，有来自同学、朋友、班主任、辅导员、心理咨询师以及家人共同构成有效的社会支持系统，为学生提供帮助和支持。

（二）丰富心理健康教育的形式和内容

教学形式和教学内容是达到教学目标的重要承载。传统高校心理健康教育的理念侧重于心理学基本理论和知识的传授，忽视心理健康实践教育。理论学习是必需的，但理论与实践相结合，才能发挥出更好的作用。高校在开展心理健康教育的过程中，应引入积极心理学理念，采用多种方式增加学生的积极情绪体验，使其认识到积极情绪的力量。与此同时，高校进行心理健康教育时不能采用“一刀切”的教育方法，在不同的情境下要做到具体问题具体分析。对于大部分学生而言，其心理状态并没有失衡。

高校可开展体验式心理健康教育教学：第一，在课堂中引导学生体验积极情绪，指引学生学习激发积极情绪的方法，使其意识到积极情绪带给自身的力量和进步，将激发积极情绪的方法运用到将来的学习和生活中。第二，在团队辅导中使学生体验积极情绪。高校可举办多种主题的心理团体辅导活动，使学生在体验中掌握提高心理健康的技能和方法。第三，高校还可以在形式多样、内容丰富的心理健康教育活动中引导学生体验积极情绪，通过学生搭建的心理健康组织，组织开展关于心理健康问题的成长沙龙、心理微电影大赛、心理剧大赛、依托特殊节日（如5月25日）的心理文化节等，使学生在心理健康教育活动中体验积极情绪，获得成长。此外，针对小部分存在适应能力不强或认知行为有偏差的学生，学校可采用一对一的积极心理学辅导，通过专业心理辅导人员的介入，实现个性化心理健康教育。

（三）善用新媒体打造“微平台”教育

新媒体时代的发展不可抗拒，高校心理健康教育要顺应时代潮流，通过新媒体搭建“微平台”，加强与大学生的线上沟通和联系。因此，除了发挥朋辈的线上帮扶作用外，高校教师也应善用新媒体技术进行心理健康教育，让积极心理学走出微信群，在现实生活里落地生根。目前来看，开通微博、建立微信公众号、搭建易班平台等形式，都是开展心理健康教育工作不错的平台。在线上，通过引导大学生针对自身问题积极进行留言，方便教师能迅速掌握学生的心理状态，而后进行一对一交流和帮扶。这也符合积极心理学理念，倡导大学生正面面对自身诉求，积极解决自身心理问题，重燃对学习与生活的热爱。值得注意的是，新媒体时代下，信息的传播可以说是即时的。因此，不可控的信息传播为高校心理健康教育线上工作的开展带来了挑战。网络上出现越来越多没有经过筛查的信息，其中包含了一些非理性言论、虚假信息以及涉黄涉暴信息。这些内容的广泛传播，严重阻碍了大学生的心理健康发展。因此，高校要着力加强对网络平台的监管，同时加强学生的网络素养，倡导网络道德。一方面要提高大学生对网络信息的甄别、筛选能力，能及时检举网络不良信息；另一方面也要强化大学生网络责任主体意识，使学生形成网络道德底线，养成良好的网络自律和责任意识，自觉规范自身的网络行为，从而更好地促进校园网络文化的健康发展。

第三节 朋辈心理辅导的应用

一、大学生朋辈心理辅导概述

（一）大学生朋辈心理辅导基本概念

朋辈心理辅导最早兴起于美国，随着朋辈心理辅导技术在学校教育领域的推广，我国也开始在高校管理工作中广泛采用这一技术，并在高校心理健康教育领域取得了良好的效果。

朋辈指的是“朋友”和“同辈”的意思，也就是年龄相仿者。对于朋辈心理咨询，格雷和霆多尔（Gray & Tindall，1978）定义为：“非专业工作者作为帮助者所采取的人际间的帮助行为。”苏珊（Sussan，1973）认为，朋辈心理咨询是指受训和督导过的学生向前来寻求帮助的学生以言语或非言语的方式提供倾听、支持以及其他帮助的过程。

在我国学校心理健康教育活动中，朋辈心理辅导和前文所述的“朋辈心理咨询”是类似的，但通常更经常使用“朋辈心理辅导”一词。笔者认为，朋辈心理辅导是经过系统培训的朋辈心理辅导员对受助者的情感支持，这是一种助人自助的行为，最终实现既帮助了受助者，又让朋辈心理辅导员自身也得到提高的过程。无论是助人还是自助，最终的目标都是促进大学生的全面发展。朋辈心理辅导以“助人自助”为理念，以服务身边的每一位同学为目标，旨在提高大学生的心理素质，优化大学生的心理品质，提高其适应社会生活的能力，培养其良好的个性心理品质，最终促进大学生的全面、协调和可持续发展。

（二）大学生朋辈心理辅导的特点

和专业人员的心理辅导相比，大学生朋辈心理辅导有自身的优势和特点，具体有以下几点：

第一，准专业性。朋辈心理辅导不同于专业的心理辅导，它是同龄人之间开展的一种心理互助活动。虽然提供帮助者并未接受长期的专业学习和实践训练，只是通过短期的培训上岗，在帮助他人的过程中，朋辈心理辅导员凭借自身的热情、爱心以及自身的优势给受助者提供帮助和支持。因此，大学生朋辈心理辅导员在帮助他人时有自身的局限。对于一些需要专业人员才能解决的问题，朋辈心理辅导员需要及时转介。因此，大学生朋辈心理辅导是准专业性的。

第二，广泛性。虽然大部分高校都建立了软硬件兼备的高校心理健康服务体系，但面对日益增长的心理健康教育的需求，仍存在心理辅导师资力量不足、心理健康教育覆盖面窄、心理服务不全面等问题。而在学校当中，对大学生接触最多、接触最广泛的是与之年龄相当的同辈，而不是老师。香港青年协会在 1993 年发布了“青少年如何处理困扰”结果调查，发现绝大数青少年受访者都倾向于先向他们的朋辈寻求帮助。朋辈心理辅导因而更能给大学生提供广泛的心理支持。

第三，主动性。在专业的心理辅导当中，通常是咨询师等待来访者主动寻求专业支持。而朋辈心理辅导员活跃在大学生群体当中，他们在日常学习生活当中就能主动观察周围同学的具体情况，当身边有困难时就能主动提供支持和帮助。此外，朋辈心理辅导员在班级、学院以及校园当中，能够主动地进行心理健康宣传，进行心理健康普及活动，营造良好的校园氛围。

第四，平等性与友谊性。在朋辈心理辅导当中，朋辈心理辅导员和受助者是同辈关系，关系是平等的。而建立平等信赖的关系是辅导能否取得成效的前提和基础。在平等的关系当中，受助者能够敞开心扉不受拘束，诉说自己内心的真实需求，这样朋辈辅导员能够更好地帮助受助者。同时，朋辈心理辅导员和受助者在年龄、价值观、经验、情感、生活方式等方面都相似相近，共同的生活经验使得朋辈心理辅导员和受助者心灵相近，彼此互相帮扶，并建立起良好的友谊。

第五，直接干预性。朋辈心理辅导员和受助者生活在共同的生活环境中，因此，较少受到时间地域等因素的限制，只要朋辈心理辅导员在身边发现同学有心理问题或者困惑，就可以随时随地进行心理疏导，不需要像心理咨询中心那样特殊的场所。同时，朋辈心理辅导者也可能和受助者共同生活，可以对受助者进行直接监督和干预。例如，朋辈心理辅导者可以帮助受助者实施系统脱敏计划，不再害怕与异性交往；朋辈心理辅导者可以阻止受助者的自杀计划；朋辈心理辅导者可以作为中间人，直接调停受助者与他人的人际冲突。

（三）大学生朋辈心理辅导的作用和局限

朋辈心理辅导在我国兴起并被广泛应用在高校学生心理健康辅导方面，对提高大学生的心理健康水平起到了一定的作用。由于朋辈心理辅导自身的优势和特点，确实能够给大学生带来帮助，同时解决大学生心理咨询“僧多粥少”的局面。总体来说，大学生朋辈心理辅导有以下几方面的作用：

第一，朋辈心理辅导符合学生的心理需求。朋辈心理辅导是在同辈人之间进行的心理互助，同辈人有相似的经历和情感体验，容易相互理解和沟通，这是朋辈心理辅导的独特优势。由于朋辈心理辅导员和受助者已具备较为可靠的信赖关系，沟通上较为容易，同时朋辈心理辅导员经过专业的心理辅导培训，这可以使心理辅导达到事半功倍的效果。因此，朋辈心理辅导符合大学生的心理需求，是适用于大学生的心理辅导模式。

第二，朋辈心理辅导是高校心理辅导专业队伍的重要补充。近年来，教育部印发《高校思想政治工作质量提升工程实施纲要》，要求学校按照师生比不低于 1：4000 配备心理健康教育专业教师。但目前我国高校的心理咨询还处于起步阶段，很多学校在实际当中并没有达到国家对心理老师的配比要求，即便是达到要求的学校，心理专业人员能够提供的心理咨询服务依然是有限的。而通过开展朋辈心理辅导，则可以分担专业心理老师的工作，使得他们能够有更多的时间和精力处理更加迫切的个案，有助于提升高校心理咨询的整体效果。

第三，朋辈心理辅导有助于提高大学生心理素质。朋辈心理辅导强调“助人自助”的理念，朋辈心理辅导员在帮助他人的同时自我也得到一定成长。同时，朋辈心理辅导员必须经过专业的培训才能上岗，通过培训使得他们学习到心理辅导技术和方法，这一程度上增强了朋辈心理辅导员自身的素质。此外，朋辈心理辅导员在日常学习生活中，在学校开展心理健康宣传活动，有助于培养大学生心理健康意识、营造良好的校园心理氛围。因此，从整体上来说，朋辈心理辅导有助于提高大学生心理素质。

虽然大学生朋辈心理辅导在提高大学生的心理健康水平上起到一定的作用，但在具体的实施阶段依然有一些不足和局限，主要有以下几方面：

第一，朋辈心理辅导员的培训机制欠佳。朋辈心理辅导员需要懂得一定的心理辅导技术和方法才能有效地帮助到其他同学。但在实际情况中，目前对朋辈心理辅导员的培训主要以讲座和集中讲授为主，这种方式简便易行，但缺乏实践训练，因此朋辈心理辅导员在实际操作中难以将理论联系实际，有效地运用心理辅导技术和方法。此外，由于朋辈心理辅导员队伍有一定的流动性，通过培训上岗的朋辈心理辅导员在工作成熟之后，可能面临升学毕业等问题需要离开队伍。因此，又需要对新上岗的朋辈心理辅导员进行新一轮的培训。

第二，解决问题程度不深。朋辈心理辅导是同龄人之间开展的一种心理互助活动，提供帮助者并未接受长期的专业学习和实践训练，只是通过短期的培训上岗。因此，朋辈心理辅导员在日常工作当中，只能解决一些表面的问题，想要深入地彻底解决问题，还需要寻求专业的心理咨询师的帮助。对于有严重心理问题的学生，朋辈心理辅导员更应及时转介给学校心理专业人员。

二、大学生朋辈心理辅导的实施途径与建议

（一）朋辈心理辅导员的素质与工作要求

朋辈心理辅导员虽然不像专业的心理辅导人员要求那么高，但必然有

一定的素质要求才能更好地进行心理辅导。主要包括以下素质要求及工作原则：

1. 素质要求

（1）健康的心理状态

朋辈心理辅导员作为一名助人者，首先自身的心理状态必须是积极健康的，这样才能有更多的能量去帮助其他人。朋辈心理辅导员不仅需要一定的心理辅导方法和技术去帮助受助者，还要以乐观的心态和积极的情绪去感染受助者，这样才能帮助受助者走出艰难的困境。因此，朋辈心理辅导员是否具备健康的心理状态起着至关重要的作用。

（2）良好的沟通和分析能力

心理辅导是一种互动的过程，因此朋辈心理辅导员和受助者的关系建立和发展有赖于朋辈心理辅导员是否具备良好的沟通和分析能力。这需要朋辈心理辅导员能够认真地倾听求助者的诉说，以真诚的态度了解求助者的想法和感受，同时对受助者给予积极的关注和及时的反馈，帮助求助者客观理智地分析问题，最后共同寻求解决方案。

（3）较敏锐的观察能力

一名好的咨询师，能够对他人的心理活动较为敏感。作为一名朋辈心理辅导员同样需具备较敏锐的观察能力，这样可以从来访者的言语和表情中洞察他们的内心世界，从而帮助求助者进行自我认识或者洞察内心情绪情感。

除了以上三方面外，朋辈心理辅导员还应具有热情、耐心、细心、真诚、负责等心理品质。

2. 工作原则

朋辈心理辅导是一项助人工作，应当遵从一些工作守则，主要包括以下几方面：

（1）遵从保密性原则

保密性原则是心理辅导中最重要的原则，也是朋辈心理辅导员和受助者建立良好关系的基础。朋辈心理辅导员和受助者在谈话中的所有内容都需要保密，未经受助者同意，不能透露给其他人，包括老师和同学等。但是当受助者有自伤或者伤人的情况，则需要打破保密原则，及时提醒老师以及受助者的家属，防止危险情况发生。

（2）具备转介能力

朋辈心理辅导是准专业的心理辅导，朋辈心理辅导员需要认识到自身能力的有限，对于无法解决的心理问题，应当及时把个案转介给专业的心理辅导人员或者相关的专业机构。因此，朋辈心理辅导员应当具备一定的心理问题识别的能力，及时地发现求助者的问题，明确自己是否有能力帮助求助者。

（3）具有道德感

朋辈心理辅导员在帮助他人的时候应具有道德感，不能在辅导过程中利用求助者对自身的信任而对求助者实施不良行为。例如，心理辅导过程中容易出现“移情”的现象。移情指的是求助者把朋辈心理辅导员看作是自己身边的人（父母、兄弟姐妹或恋人等），并把对待这些人的情绪和情感转移到朋辈心理辅导员身上。因此，朋辈心理辅导员在面对这种情况时，应当及时的发现，并懂得处理求助者的移情。如果朋辈心理辅导员利用求助者对自己的好感，对求助者有不良行为，则会扭曲求助者的价值观念，对心理辅导产生不良印象，给心理辅导员的声誉带来负面影响，甚至引起法律纠纷。

（二）朋辈心理辅导员的选拔与培训

1. 朋辈心理辅导员的选拔

朋辈心理辅导员的选拔要遵循自愿的原则，因此在报名之前，就要让其清楚朋辈心理辅导员的角色定位、责任和义务，然后自愿参加选拔招募活动。朋辈心理辅导员的选拔有两种方式：一是先培养后选拔；二是先选拔后培养。第一种方式可以让更多的大学生懂得朋辈心理辅导的技术和方法，从而普及大学生心理健康知识。随后，对参加培训的同学进行理论和实践考核，从而筛选出适合的朋辈心理辅导员。第二种方式是先通过一定的笔试面试程序，将符合考核标准的同学进行系统培训。这种方式可以使得对朋辈心理辅导员的培训更加细致化，小班教学的方式可以使得在培训过程中每位同学分配到更多的教育资源。

朋辈心理辅导员的选拔途径可以采用心理测试和面试相结合的方法。可以选用卡特尔 16PF 人格测验、SCL-90 症状自评量表、张日昇主编的《对话关系点检项目量表》等测试结果作为选拔的参考依据。面试则可以采用结构化面试、半结构化面试、模拟心理咨询等方式进行，根据面试者的临场表现筛选合适的人员。

2. 朋辈心理辅导员的培训

对朋辈心理辅导员的培训需要有针对性地介绍心理辅导的理论、技术及其在实践中的运用，帮助朋辈心理辅导员认识当代心理咨询观念和理论，掌握自我心理保健的各种知识与技能，达到危机预防和干预维护自身心理健康和有效帮助他人解决心理问题的目的。

从目前高校对朋辈心理辅导员培训的常用模式来看，主要有讲座、团体心理辅导、角色扮演、观摩、案例分析等形式。对朋辈心理辅导员的培训方式切勿采用传统单一的灌输方式，应充分调动朋辈心理辅导员的积极性，以达到更好的培训效果。这要求老师在实际训练中既要介绍有关理论和观念，提高学生的认识，更要加强实际操作的训练指导。

3. 朋辈心理辅导的常用活动方式

（1）心理热线

心理热线主要是朋辈心理辅导员通过接听热线电话的方式对大学生提供心理服务。朋辈咨询员为来电者分担厌烦、沮丧、惆怅或孤独，引导其摆脱不良情绪，帮助他们在父母、老师、同学、朋友之外多建立一条沟通的渠道，从而引导青少年身心健康成长，不断完善高校的服务体系。

心理热线不受地点、时间、空间的限制，具有方便快捷的特点。同时电话咨询是只闻其声而不见其人，因此具有一定的保密性，方便朋辈咨询员和求助者探讨相对隐秘的话题。但是，心理热线对于一些严重心理问题的求助者是不适用的，这需要心理热线接线员能够及时转介。同时，由于心理热线只是依靠语音进行咨询，很多非语言信息是无法获得的，因此，朋辈心理辅导员可能无法把握全面的信息。

（2）网络心理咨询

当今社会是一个信息化的社会，网络和大学生的学习生活息息相关。朋辈心理辅导应当顺应时代的发展，利用大学生喜闻乐见的方式进行开展。网络心理咨询是一种新兴的心理咨询方式，朋辈心理辅导员利用网络心理咨询系统的媒介，向大学生提供心理咨询服务的过程。

网络心理咨询是以虚拟身份登录的，可以隐瞒自己的姓名、年龄、年级、专业等信息，这样求助者在网络心理咨询中的压力较少，有助于他们表露真实的自我；网络心理咨询可以打破空间的限制性，相对来说比较便捷；同时，网络心理咨询一般采用的是文字沟通，求助者在建构文字的过程中，有利于其自我思考，这种咨询方式对热爱文字表达的同学是比较适用的。但是网络心理咨询也有一定的局限性，例如网络心理咨询具有很大的不可控性，求助者可能随时都可以中断咨询；在网络心理咨询当中，求助者提供的信息不一定真实完整，求助者可以隐瞒甚至伪造一些信息，因此朋辈心理辅导员对求助者进行诊断也是比较困难的。

（3）朋辈团体心理辅导活动

朋辈团体心理辅导活动是朋辈心理辅导常用的形式之一，在实践运用中可以取得较好的效果。团体心理辅导活动是在团体情境中，借助团体的力量和心理咨询技术进行的一种辅导形式，即运用团体动力学等理论，设计特定的情景，通过团体内的人际交互作用，促进成员积极参与、体验和感悟，协助个体认识自我、探索自我，调整改善与他人的关系，学习新的态度与方式，促进自我发展和自我实现，提高心理素质和培养健全人格的过程。

一般而言，团体心理辅导是由1~2名有专业背景和实践经验的领导者主持，团体的规模可以根据实际需要不同而不同，可以是5~12人的小团体，也可以是几十人的大团体。团体的性质可分为开放式团体和封闭式团体，同质性团体和异质性团体，发展性团体和训练性团体。朋辈团体心理辅导在实际运用中强调参加者的主体性和体验性，符合大学生的身心发展特点，相比于个体心理辅导更加高效省时，同时参加的团体成员还可以相互激发和学习，具有独特的优势。

以下是一个新生团体心理辅导活动方案，具有一定的实践性。

携手并行，奋勇前进

——新生团体心理辅导活动方案实例

一、活动地点

室外

二、活动对象

大一新生（以班级为单位参加活动）

三、活动方式

团体项目、小组分享

四、学生背景

新生刚进大学，要面临一段心理适应期。对于缺乏心理准备的大学新生来说，在这个心理转型与重塑的过程中，可能会产生不同程度的适应困难。大学生活中，不管是在宿舍还是在班级，新生们面临的都是来自不同环境不同文化背景的同学，人际交往成了大学新生们入学后的第一堂课。

五、活动目的

通过本次团体辅导，我们希望能增强班级成员之间的熟悉度和信任感，让学生更好的接纳自我和接纳别人，帮助学生在人际交往中寻找突破口，让学生们在相互帮助和尊重中满足了自我发展的需要，进而为班级成员以后的学习、生活、工作奠定一个良好的基础。

六、设计思路

本次团体心理辅导中所有的活动是由一个情境连接起来的：我们作为大陆上最具作战能力的精英特工队，被委派到金银岛取回旷世珍宝，这一任务极具挑战性，我们分成多个小分队在密林中穿梭行走，眼前出现了藏宝地的大门，而开启藏宝地的钥匙却在一个高台上，大家一起奋力向上，齐心协力“冲上云霄”拿到了钥匙；到达藏宝地后，又需要解开封印才能打开藏宝盒，我们手把手相互联结，运用心灵的意念解开了“同心锁”，取出了珍宝；就在护送珍宝回大本营的路上，本以为会一切顺利，没想到的是，在来到岛屿边缘时我们竟遇到了一群野兽，我们巧妙搭成人型怪兽进行“怪兽过河”，成功把野兽吓退，终于攻克了一切艰难险阻顺利抵达了×××（班级名）总部。

七、人员安排

1. 教练：掌控团体心理辅导方向和进度；主讲团体心理辅导内容；观察、评价其他教练的表现。(1~2人)

2. 助教：下组带队，关注学员，组织分享，活跃团队气氛；协助领导者工作，例如以身作则的专心听讲、帮助分发道具；负责活动中的计分，维护活动规则。(助教人数按活动的组数定，每个小组须有1位助教)

3. 场控：调节场地气温、布置场地；控制时间，及时反馈给教练、助教；传达教练、助教之间的信息。(1~2人，可由助教兼任)

4. 道具师：认真管好物品，做好充足准备，随时提供后勤支持；活动开始准备好所有物资，管理道具，分发道具。(1人，可由助教兼任)

八、具体流程

（一）引入（5分钟）

1. 鼓掌欢迎；

2. 领导者自我介绍，介绍助教；

3. 领导者由故事引入团体心理辅导主题，对成员提出希望：主动投入、认真倾听、真实表达意见，互相尊重与协作。

（二）订立团体契约（5分钟）

领导者宣誓：我×××（姓名），在这庄严宣誓，作为本次团体心理辅导的领导者，我严格遵守活动规则，对队员高度负责，确保队员人身安全，确保活动顺利进行，确保活动准时结束。

学员宣誓：（由指导者指引）我×××（姓名），在这庄严宣誓，作为本次团体心理辅导中的一员，我严格遵守团队规则，积极服从、配合领导者安排，真实表达个人意见，与队友互相协作、互相尊重、共同守密。

宣誓目的：让学员们能以认真的态度对待此次的团体心理辅导，并能从此次团体辅导中受益。

（三）团体辅导

1. 热身以及分组（20分钟）

（1）热身游戏（15分钟）：谁是“大咖”（此处意思为不按既定行为方式做出反应的人）

目的：①活跃现场气氛，破除学员的约束感，让学员们逐渐在这个大集体中感到轻松与自在，并积极参与各项活动。②让同学们在游戏中体验竞争和被淘汰的残酷，感受合作的力量。③开拓同学的思维方式，在竞争中体验双赢的快乐。

规则：①所有成员以班级为单位围成两到三个同心圆（如果人数超过100人则请他们列队站好，将一队截成两到三段再互相结合站成圆圈），主教练站在中间，助教分散在四周，便于观察。②开始主教练说右，同学们都向右转，说左就向左转，向前走两步，或是向后走两步，按照主教练的指令做动作。若干次以后加大难度，可连续下达两次口令，同学们要做和主教练口令相反方向的动作，比如说左转右，说右转左，说向右跨一步就要向左跨一步。

（2）分组：黎明前的动员（5分钟）

步骤：①让所有人集合，注意听从主教练的指示，让大家先排成一个纵队，男生女生分开站，10个人排满之后，多余的人立刻新建一个纵队站好，以次类推。待所有人站好之后，第1横排的为第一组，第二横排的为第二组，以此类推。②所有组别分好之后，开始给每一组配备助教。

2. 团体辅导主体过程

（1）团队建设（20分钟）

目的：加强团队成员之间的沟通与交流，在一定程度上了解组内的伙伴，增进彼此之间的感情，加强团队凝聚力，让队员明确团队的意义。同时发散队员的思维，让他们学会积极地思考。

步骤：①分组之后，进行成员之间的熟悉认识（5分钟）。②各组选出一名队长（10分钟），想一个属于自己团队的队名、口号、队形，在白纸上画出自己团队的队旗，然后分小组展示。

道具：白纸（做队旗用）、油性笔

（2）冲上云霄（20分钟）

目的：这个任务体现的是团队队员之间的配合，该项目主要让大家明白合作的重要性，培养学生协作解决问题的能力，强化对团队精神的理解与感悟。

步骤：①要求开始四个人一组，围成一圈，背对背，手扣手地坐在地上。②在不用手撑地或者手接触地面的情况下站起来。③随后依次增加人数，每次增加2个，直至10人或所有组员同时参与进去。

最好让各组组员依次增加两个人，不要让他们一次性全部人一起，要有一个循序渐进的过程。在此过程中，工作人员要引导同学坚持，坚持，再坚持，因为成功往往就是再坚持一下。

（3）同心锁（20分钟）

目的：训练学员彼此间的默契，让学员体验竞争带来的压力和快乐。

步骤：①首先让各组成员围成一个圈站，听从助教指挥。②当组长喊出“一二三”时，大家便要一同伸出双手，握着对面其他两人的手；记住：一手抓一手。③大家抓好后便可以开始“解结”，用任何方法均可。无论是穿、转、爬、拗、跨手等，但握着的手不可脱离，如果尝试多次仍解不开便为输。

比赛开始前先给5分钟时间商量对策并磨合准备。

（4）怪兽过河（30分钟）

目的：打破常规思维，训练团队创新意识；有效有序的沟通对团队的重要性；在竞争环境中，培养团队沟通能力和合作精神，体会集思广益的价值。

步骤：①每组10个人，按要求创造出一个连体怪兽，任何时候都必须有一定数量的手和脚在地上，即在河面上行走；整个团队每个成员必须连成一个整体，不能是分开的。考虑到活动的特点，可以适当降低难度。如果该组是 8 个人，允许限度是 6 只手和 5 只脚；9 个人，允许限度时 6 只手和 6 只脚；10 个人，允许限度是 6 只手和 7 只脚；11 个人，允许限度是 7 只手和 7 只脚；12 个人，允许限度是 7 只手和 8 只脚。以此类推。必须强调的是，每组过河的时候必须有手在地上！②这只怪兽必须通过一条宽度 6 米的长河，即从河的 A 点到达 B 点，整个过河过程怪兽必须连成一个整体，不可断开，直到最后一个学员通过了 B 点才可以。③多个团队展开怪兽过河比赛，看哪组以最快的时间完成任务。

(5) 总分享 (10 分钟)

步骤：所有成员围坐一个圈，在音乐声中闭上眼睛，静静回想活动过程，领导者可以在旁边以轻柔的语言加以引导。音乐结束后请学员睁开眼睛，自由发表自己的感受并和大家分享。

(6) 总结 (10 分钟)

领导者宣布团体心理辅导结束并合影留念。

(四) 心理情景剧

心理情景剧是利用与生活相似的情景，通过角色扮演等方式重现心理活动与冲突，使当事人认识到其中的主要问题，自己或在参与者的协助下加以解决，促进心理健康发展。校园心理情景剧浓缩了部分大学生在日常交往中的恐惧、自卑、焦虑等情绪，可以激发大学生对学习生活的体验和反思，从而传播心理健康的理念，推动了校园心理健康教育工作的深入发展。

近年来，全国各大高校纷纷掀起了心理情景剧的热潮，如广东省教育厅在每年发布的关于开展高校学生心理健康教育系列活动的通知里都含有心理情景剧大赛，各个高校也纷纷在“5 · 25”心理健康活动月前后举办心理情景剧大赛。心理情景剧具有形象生动、参与互动性强、集知识趣味性于一体的特点，是一种有效的教育手段，可以促进大学生自我教育和自我成长，从而达到助人自助的目的。

职业理想教育

第一节 大学生职业理想内涵

在2021年全国职业教育大会上，习近平总书记对职业教育工作做出重要指示：在全面建设社会主义现代化国家新征程中，职业教育前途广阔、大有可为。要坚持党的领导，坚持正确办学方向，坚持立德树人，优化职业教育类型定位，深化产教融合、校企合作，深入推进育人方式、办学模式、管理体制、保障机制改革，稳步发展职业本科教育，建设一批高水平职业院校和专业，推动职普融通，增强职业教育适应性，加快构建现代职业教育体系，培养更多高素质技术技能人才、能工巧匠、大国工匠。高校是人才培养的主阵地，加强职业规划教育，立足学生，面向社会，从职业理想的树立到系统的职业生涯规划体系构建，高校职业教育负有重任。

一、职业理想的概念

（一）概念的界定

职业理想由“职业”与“理想”构成，对职业理想概念的理解，应当建立在对“职业”与“理想”两者认识的基础上。职业，古代荀子在《荀子·厲富国》中就有描述：“事业所恶也，功利所好也，职业无分，如是，则人有树事之患而有争功之祸矣”。在这里，职业是指当时的官事和士、农、工、商四民之常业。之后，职业在不同朝代其含义为职分应做之事、职务、事业等。而今，在《现代汉语词典》中，职业被定义为：“个人在社会中所从事的作为主要生活来源的工作。对此有三个方面的理解：一是合法的劳动；二是有固定的报酬以满足劳动者的物质需要与精神享受；三是承担一定的社会分工并得到社会认可。”而关于职业的分类，自古至今有一个发展的过程。在原始社会，“居山狩猎、滨水捕鱼”是社会分工的体现。封建社会时期，职业对等于行业，社会行业被分为三四十种，分别为王公（统治者）、士大夫、百工、商旅、农夫、妇功等。隋朝时期有 100 多种，到宋代发展为 200 多种，到了明朝时期则增加到 300 多种，俗称“三百六十行”。而今，全国的不同职业总计已超过了 10000 种。理想，是指人们以客观事物发展的必然性为依据，在实践中形成的，对特定对象的未来状态应当如何的一种自觉的期望、设想和观念建构。其具体内涵前面已有过详细的论述。

职业理想虽由“职业”与“理想”构成，但职业理想的概念绝不仅是两者的简单相加，而应当是在了解两者内涵的基础上，结合其他因素进行理解。职业理想是指人们在一定的世界观、人生观、价值观的指导下，对未来自己从事的专业、工作部门、工作种类及发展目标所做出的想象和设计，以及对自己在事业上所获取成就大小的向往和追求。

（二）内涵的理解

职业理想是人们对自己的职业活动和职业成就的超前反映。对于职业理想概念的理解，可以从以下几个方面把握：

1. 职业理想属于社会意识范畴

职业是在社会的不断分工过程中形成的，是人们对于职业的未来发展状况在头脑中的反映。因此，社会的生产力水平、社会分工情况及社会的实践水平直接关系到职业理想的形成。人们的职业理想也在一定程度上反映了不同职业的社会地位及声望，是社会对不同职业的价值取向在意识中的反映。此外，职业理想是在一定的世界观、人生观、价值观的支配和影响下形成的，这表明职业理想并非一种纯粹个人的简单意识活动，而是世界观、人生观、价值观的综合体现。因此，职业理想属于社会意识范畴。

2. 职业理想是可实现而又未实现的意识

职业理想的“可实现”体现在职业理想的确立是有所凭据的，一方面是在一定的世界观、人生观、价值观的指导下形成的，另一方面，个体确立职业理想并非空想，总有其原因，或是出于个人身体条件、知识技能、兴趣爱好等，或是出于其他社会环境和氛围的影响。职业理想的“未实现”体现在职业理想在时间上是一种未来指向，只是人们对未来的设想和向往，在状态上，职业理想即是一个未完成的目标。如某个人的职业理想是成为一名教师，这个职业理想是依据一定的现实条件而确立的，是一种可实现的意识。但是，由于当前的社会现实或自身现实条件与职业理想存在着一定的差距，这就决定了教师这一职业理想仍是一种未实现的意识。

3. 职业理想是个人内在的精神动力

职业理想是人所特有的一种精神现象，在个人职业追求过程中作为一股内在的精神动力，激发个人潜能的发挥和意志的坚持。职业理想是人对职业未来发展状况的设想和向往，这种设想依据于个人内在某种需要，需要产生动力。职业理想作为意识范畴，也是人内在的精神动力，驱使个人为了满足自身物质及精神需要，在职业上设定一定的目标并为之努力。在这个过程中，未必任何人的职业理想都能顺利得以实现，但是，它始终作为一股精神动力，促使个人发挥自身潜能并为之努力。

二、职业理想的结构

职业理想是在内外因共同作用之下，经过一个由简单到复杂、由浮浅到成熟、由具体到抽象的长期过程而形成的。职业理想在形成过程中，逐渐建立起一定的结构。分析职业理想的结构，按照其形成发展过程，可由职业认知、职业情感、职业意志进行展开。(见图 5-1)

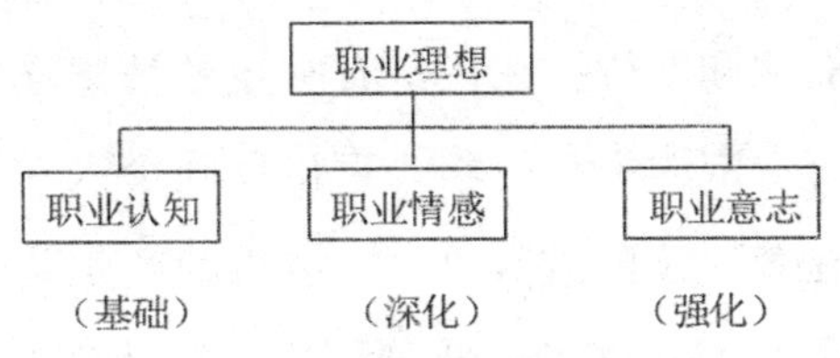

图 5-1 职业理想的结构图

（一）职业认知

职业认知，是指人们在社会实践活动中形成的对某种职业的认识和评价。这种认识和评价可以通过主动和被动两种方式形成。职业认知是职业理想形成的基础，在范围上，这种认知涉及对职业的性质、工作内容、工作强度、薪酬待遇、发展前景以及职业的社会声望、社会地位等的认识和评价。在时间上，个体对职业的认知是经过一个长期的过程，其认识也是从朦胧到逐步清晰，从片面到相对全面的变化过程。个体刚开始萌发职业理想，即是对某一职业有了初步的接触和认识，但这种认识只是停留在浮浅的表面层次，而没有对该职业进行实质性的了解。如儿童在谈及自己的理想时多会想当科学家、宇航员、明星等，这说明儿童在刚萌发职业理想时多从某种职业的在外表现形式考虑，而尚未对其进行深入的了解或者考虑到这种职业是否适合自己。随着年龄的增长，个体的思维判断能力逐渐增强，对于职业的认知程度也开始逐步加深，不再只停留于职业的外在表现，而是开始对不同职业的性质、专业技能要求、工作内容等进行了解。而随着社会阅历的增加，个人对于职业的认知还更多地受到外来因素的影响，职业的社会地位、社会声望等都会直接影响到个人对职业的判断与评价，使人们的职业认知程度更加深入。职业理想是以职业认知为基础逐步形成的，其形成并非在职业认知达到成熟完善之后才开始，职业认知是构成职业理想的其中一个基础部分，因此，职业理想是伴随着职业认知的不断深化而逐渐清晰、稳定的。

（二）职业情感

职业情感是人们对自己所从事职业的一种心理感应及倾注的感情。人们对于某种职业的向往和期待，往往是有一定的情感在维系着那份追求的热情。职业情感带有一定的主观色彩，直接反映个人对某种职业的主观感受，其强度也是存在着一定的差异性。“情感的产生基于职业本身满足从事者的某种需要。”❶ 以马斯诺的“需要层次论”为工具对职业情感的产生进行分析：人的“生理需要”与“安全需要”是人们从事职业的最根本原因，职业是人的谋生手段，正是人的生存需要决定了人对职业产生了依赖情感。如待遇较高，能满足人们生活需要的职业通常受到多数人的青睐；人的“爱与归属的需要”，每个人都有渴望得到别人关爱的需要，也有融入某个群体从而获得归属感的渴求，这种需要在职业上则体现为渴望成为某个行业的一员并在人际交往中得到别人关爱的情感诉求；人的尊重的需要指的是个人希望自己有稳定的社会地位、有一定的能力成就并得到社会的承认与尊重。个人的职业倾向容易受到某职业的社会声望及地位的影响，这是个人为满足自己受尊重的需要的结果；人的自我实现的需要是人的需要的最高层次，指的是个人理想、抱负、才能发挥到最大程度。人们对于某种职业及在该职业上所取得的成就的期待与想象，往往需要迂回式的路径才能最终实现。“激情、热情是人强烈追求自己对象的本质力量。”❷ 这种自我实现的需要在职业上则具体化为个体最终的职业理想，促使人们为实现自我价值而始终保持着激情与热情。“职业情感是通过‘先天所传’和‘后天习得’共同作用下，是一个由低级到高级、由简单到复杂的发展

❶ 尚勇．试论职业情感的科学界定［J］．理论观察，2007（1）：153-154.

❷ 马克思恩格斯选集（第 42 卷）［M］．北京：人民出版社，1979：169.

过程。最终它潜伏于人的内心深处，表现出内隐、含蓄的特点，使个体较稳固地处于一种心理状态之中，影响个体行为方式，并使之习惯化。”❶ 因此，职业情感同样贯穿于职业理想的形成发展过程之中，职业认知是理性认识，职业情感则是感性深化，是职业理想逐步稳定的催化剂。

（三）职业意志

职业意志是追求某职业或从事某职业的人在实践过程中调节行为、克服困难的能力，是在职业追求过程中所表现出来的决心和毅力。个体对某种职业及其成就的向往和期待是个人需要的体现，也是在外在社会环境的综合影响之下才形成的，整个过程具有复杂性和多变性。职业意志是职业理想的一个重要部分，是坚定人们信念的一股强大内生力。职业意志有以下特性，影响着人们的职业意识与行为：第一，自觉性。职业意志是人们内在自觉产生的一种毅力和决心，是经过主动的思想意识及思维判断而对自身职业目标有明确认识，从而形成一股坚毅的意志力。第二，持久性。职业意志的持久性体现在其能长时间对人的意识和行为产生影响，促使人们持之以恒地坚持自己的目标，这也是促使个体的职业理想逐步稳定成熟的重要内在驱动力。第三，果断性。职业意志在一定程度上表现为个体在职业意识、职业行为上的决心。人们在对某种职业及其成就的追求过程中，职业意志是一种强大的力量支撑，使人们能适时地做出果断决定，不错失接近目标的机会。职业意志是职业情感的升华和强化，它是一种更高层次的非理性因素，具有较强的调控能力。因此，在个体职业理想的形成发展过程中，职业意志在面对困难、挫折中表现得更为明显，是个体激励自己的信心、动力并调控自己的行为，最终实现自身在职业上的设想与期待的强大精神力量。因此，职业意志是职业理想的重要组成部分，没有职业意志强有力的支撑与鼓动，职业理想的形成发展难以持续，职业理想就难以从浮浅、不稳定，走向成熟、稳定。

职业认知、职业情感与职业意志构成职业理想的系统结构，三者关系

---

❶ 尚勇. 试论职业情感的科学界定［J］. 理论观察，2007（1）：153-154.

紧密，是一种由浅至深、逐渐加强的意识范畴。其中，职业认知是基础，只有对职业状况有一定的认识，才能为职业理想的形成打下基础；职业情感是进一步深化，只有对某一职业产生心理感应，倾注一定的感情，才能使职业认知由理性向感性深化，在一定情感的维系中更加稳定；职业意志是对职业情感的强化，从而加强个人的决心和毅力，形成一股强大的精神动力，激发个人对目标的追求。总而言之，职业认知、职业情感、职业意志是一个相互联系、缺一不可的有机整体，构成职业理想的系统结构。

三、职业理想的形成

（一）职业理想的形成阶段

职业理想的形成是一个长期的过程，根据人在不同的年龄阶段的生理和心理特点，职业理想的形成呈现出由漂移到稳定、由具体到抽象、由浮浅到成熟等特点，这个过程可分为以下几个阶段：

1. 幻化阶段

幻化阶段主要指在个体的幼儿园及小学时期。这个时期的儿童开始萌发一定的职业意识，对未来自己从事的职业有所向往和想象。但是，由于这个时期的儿童思维判断能力尚未形成，因此，对于不同职业的憧憬往往带有空想的成分，一般是受到周围环境的影响才萌发这种初步的职业意识，如书籍、媒体信息、父母老师等都能给此时期的孩子职业理想的萌发起到一定的影响作用。但是，这个阶段的职业理想是不稳定、不成熟的意识，容易发生变化。这是由儿童不成熟的生理及心理特点所决定的，他们并没有完整的意识可以去考虑职业与自身的性格、知识、能力等方面是否符合，这种职业意识想象成分居多，极容易受到外界环境的影响而发生变化。如不少幼儿或青少年在被问及自己的职业理想时通常会脱口而出“科学家、画家、明星”等，过一段时间可能回答就会发生变化。说明该时期的儿童，职业理想是模糊、飘忽不定，想象成分居多的。

2. 分化阶段

分化阶段主要指在个体的中学时期。中学生到了青春期，生理和心理已逐渐成熟，具有一定的思维判断能力及价值取向，对于自己的兴趣爱好也较为明确。这个时期（多指初中时期）的职业理想仍然带有较强的主观意识，而且理想主义成分较浓，多考虑到自身的兴趣爱好与价值取向。但是，随着生理、心理的发展成熟，尤其到了高中阶段，高中生的自我意识在这个阶段开始“觉醒”，他们开始意识到职业理想与自身的条件存在着一定的联系与矛盾，职业理想并不是一个自己“愿不愿意”的问题，还是一个自己“能不能够”的问题，因此，他们的职业理想与原先的职业理想开始出现分化，他们开始意识到要根据自己的现实条件对职业理想进行调整和重新选择。这个可以体现在高中生文理科分班时候，学生会根据自己所擅长的科目及未来想从事的职业而选择文科或理科。而到了高考填报志愿，其选报的学校、专业更是要求他们必须考虑到职业理想与自身条件、社会现实等各方面的关系。

3. 成熟阶段

成熟阶段主要指个体在大学及其以后时期。根据实证调查，有70.96%的调查对象的职业理想是在大学期间确立的。这一阶段，个体的生理、心理已大致成熟，加之日益丰富的社会阅历，因此在各方面与中小学时期的年龄特征呈现出根本不同。这个时期的职业理想开始逐步趋向于成熟、稳定，大学生处于职业理想成熟阶段的初期，每个大学生所选择的专业在一定程度上是其职业理想的具体化表现。但也存在着不少大学生所学专业与理想的专业不一致（即入学前专业被调剂）的情况，也有学生所选的专业并非自己的意愿。专业与自身意愿及条件相符合的，则更坚定了大学生的职业理想；而专业与自身意愿及条件不相符合的，职业理想仍然处于不完全稳定的状态。大学生在校期间所受的通识教育、专业理论知识教育、技能训练以及参与的各种社会实践活动，都是在为其实现职业理想做前期准备。而到了大学生就业阶段，由于受到多方面因素的影响，大学生在做出职业选择时，不一定可以完全根据自己的职业理想来做出选择，这时所表现出来的是一种职业意向，而非职业理想。职业理想是一个较为抽象、远大的目标，通常难以在短时间内实现，而需要一个长期的循序渐进的奋斗过程。

大学生就业之后，职业理想基本稳定下来，但存在着以下情况：一是从事与自己的职业理相一致的工作，即实现了职业理想并在此基础上继续发展、提高，形成自己的一番事业；二是从事与职业理想不相关的工作，即职业理想与实际职业不一致，但仍然坚持着自己的职业理想，选择适当的时机转行，从而曲折式实现职业理想；三是从事与原来职业理想不相关的工作，久而久之发现自己适合从事该工作，从而放弃原来的职业理想，在当前的工作领域发展。

（二）职业理想形成的影响因素

马克思认为人是自然属性与社会属性相结合的统一体，具有自觉能动性，这是人区别于一般动物的最本质的特点。唯物辩证法认为："任何事物的变化发展，不外乎外部和内部两个方面的因素，内因是事物发展变化的根据，外因是发展变化的条件，外因通过内因而起作用，但在一定条件下外因也能起决定作用。"[1] 苏联心理学家鲁宾斯坦有过以下论述："没有任何一种东西与外界的东西无关，仅仅从内部单纯的发展起来，也没有任何一种东西是没有各种内部因素，仅仅从外界就投入发展过程的。"[2] 由此可见，事物的形成和发展都是由内因与外因共同影响的结果，职业理想也不例外。

1. 职业理想形成的内因分析

从内因上来讲，职业理想的形成可从个人的身体条件、个性特征及个性倾向三个方面进行分析。

第一，身体条件是个人职业能力的前提，也是其职业理想形成的基础。人的生理机能有其发展的特点，个体由出生开始，其身体具有普遍性的发育特点，身体各部分的器官都是经历一个不断完善和成熟的过程，这

[1] 王喜荣，张晋昌. 理想教育概论［M］. 吉林：东北师范大学出版社，1987：26.

[2] 鲁宾斯坦. 能力问题和心理学的理论研究［J］. 吴之侃，译. 心理学问题，1960（3）.

是人的理想形成的先决条件。而对于不同的个体，其身体条件发展状况存在差异。社会分工形成的不同职业对于从业者身体条件有着不同要求，从而促使个体根据自身的特殊性发育状况而形成各自的职业理想。

第二，个性特征驱使职业理想的形成。“个性是指一个人在其生活、实践活动中经常表现出来的、比较稳定的、带有一定倾向性的个体心理特征的总和，指一个人区别于他人的独特的精神面貌和心理特征。”❶ 人的个性特征表现为个人的气质、性格、能力和智力等，具有个体差异性。不同的气质类型、性格特点、能力及智力水平的人，其对应的职业倾向有所不同。个人的职业理想是受到其个性特征的影响而逐步形成的。如不同性格的人往往会形成两种不同的职业理想，外向型性格的人开朗活泼，偏向于从事社交性工作（如企业公关、市场销售等），内向型性格的人安静谨慎，偏向于从事稳定性的工作（如教师、文案工作等）。因此，个性特征在个人职业理想的形成过程中是一股潜在的内驱力，驱使个体形成与自身个性特征相符合的职业理想。

第三，个性倾向影响职业理想的形成。个性倾向包括人的需要、动机、兴趣、价值观等。个人的职业理想往往是在其个性倾向的影响下形成的，个体的需要（包括物质需要和精神需要）、动机影响其在职业上的倾向（如以找到一份高收入的工作作为追求的目标，以满足自身的物质需要）；兴趣对个人职业倾向有着非常明显的影响，“兴趣是最好的老师，它可以激发人的创造热情、好奇心和求知欲”。❷ 兴趣直接影响着个人的职业定向和职业选择，因此，个人职业理想的形成很大程度上依据自身的职业兴趣。如爱好唱歌的人倾向于在音乐领域发展，爱好画画的人倾向于在美术界发展，这都是人依据自身的兴趣而形成的职业理想。价值观同样也影响着个人职业理想的形成，不同的职业理想反映了主体一定的价值观倾向。如功利性倾向较大的人，其职业理想的形成往往会考虑到更多物质性

---

❶ 郝登峰，等. 大学生就业创业理论与方法［M］. 北京：人民出版社，2010：77.

❷ 爱因斯坦文集（第3卷）［M］. 北京：商务印书馆，1979：144.

及社会声望等因素。富有奉献精神的人，其职业理想的形成往往会则会更多地考虑到集体利益、社会正义等因素。

2. 职业理想形成的外因分析

从外因上来讲，则是指主观周围的客观条件，也称为环境。马克思认为："人创造环境，同样环境也创造人。"❶ 这说明，人既是环境的创造者，也是环境的产物。按照不同的维度可对环境进行不同的划分，即自然环境与社会环境、宏观环境、中观环境与微观环境等。职业理想的形成，除了内在因素起决定作用外，外在环境同样起着至关重要的影响作用。这里主要从社会经济发展状况、职业发展趋势、学校及家庭教育等方面进行分析。

第一，社会经济发展状况，反映社会的生产力发展水平，是个人职业理想形成确立的依托。当今社会，科学技术迅猛发展，社会化生产不断扩大，信息化时代步伐加快，科技、教育等方面的创新与发展，促进社会日益形成分工精细的职业。职业理想是个人依据一定的客观现实确立的一种意识，而整个社会的经济发展状况则是职业理想客观依据。个人依托于社会经济发展状况并结合自身实际情况，逐步对未来想要从事的职业及其发展状况做出一定的想象和憧憬，形成个人的职业理想。

第二，职业发展趋势，是职业理想形成的重要影响因素。在当前社会生产力发展水平之下，社会职业呈现出如下发展趋势：职业分工越加明确、专业性日益增强、新职业不断涌现、职业内容不断更新、职业流动越来越频繁。社会职业的新发展趋势打破人们传统的职业观念，尤其在传统"统包统分"就业政策被打破之后，人们职业理想的形成更大程度受到职业发展趋势的影响。如知识经济时代的到来开拓了更多开发、生产、管理等新领域，更新职业内容，扩大毕业生的就业范围。而职业的发展状况及社会声望、地位也左右着个人职业理想的确立。当前大学毕业生"考公务员热"就是一个典型的体现。

---

❶ 马克思恩格斯选集（第1卷）[M]. 北京：人民出版社，1995：92.

第三，家庭及学校作为个人成长的重要场所，这两大环境也对个人职业理想的形成起到关键作用。家庭成员从事的职业及父母对不同职业的倾向往往会影响子女职业理想的形成，这在少年时期表现更为明显。如家族有较多的人从事教师工作，那么，个人较容易在家庭成员的影响或者要求之下，也将教师职业作为自己的职业理想。而在学校环境中，个人从幼儿园到大学各个受教育阶段，学校对于其职业理想的形成发展起到非常重要的影响作用，这个影响具有连续性的特点。在不同的年龄阶段，学生对职业的认识有其特点，而且处于不断的变化和发展之中，教师对学生关于职业相关的教育与引导，直接影响到学生职业理想的确立。

第二节 大学生职业理想特点

一、大学生职业理想的作用

职业理想是人们在职业上尚未达到的一种目标憧憬，因此它不仅在人们做出职业选择之前对人产生重要影响，在个人的职业追求、发展过程中同样发挥着重要的作用。职业理想对个人具有重要的导向、动力、调节作用，大学生作为社会上一个特殊的群体，无论在年龄上的生理及心理特点，还是从学识及社会阅历上来看，都具有其青年特性。因此，职业理想在大学生这个青年群体上具有其特殊的作用，主要体现在大学生的职业理想对其专业、学业、就业及事业的重要作用。

（一）职业理想促进大学生进行专业积累

职业理想可激发大学生做好专业的知识储备与技能训练。专业是学生职业取向与职业发展的基础，每一专业对应着一定的职业群。青年学生在大学阶段开始进行具体化的专业学习，包括专业对应的职业群所需要的知识经验与技术能力等。大学生的专业学习分两种情况，一是直线路径，二是迂回路径。从直线路径上来看，每个参加高考的学生都有机会填报大学阶段所学的专业，如果学生是出于自己的兴趣爱好与职业倾向而填报一个与自己职业理想相关的专业，这将极大地激励其大学期间的专业学习。大学生作为一个青年群体，具有充沛的精力、昂扬的斗志，一旦确立了自己的职业理想，更能激发其学习的动力。一方面，在理论知识上不断积累，打下扎实的理论基础；另一方面，加强实践锻炼，提高自身各方面素质与技能，使自己逐步与职业理想的要求相匹配。从迂回路径来看，每个大学生所学的专业并非都是出于自己的意愿，有的是出于家长意志、高校调剂或是自身对专业认识的缺乏。但是，只要个体心中有明确的职业理想，就不会迷失方向丧失动力，职业理想可以促使非自身意愿学习本专业的同学转专业，学习与自己职业理想相关的专业。或者，促使学生进行自我调整，为自己做好职业规划，重新认识、接纳、认同自己当前所学专业，并进行系统学习。因此，职业理想作为一股强大的精神动力，在促进大学生进行与其职业相关的专业学习方面，起到了有效的促进作用。

（二）职业理想推动大学生提高学业成绩

大学生的学业主要指专业学习，专业是学业的核心，学业体现了大学生的综合竞争能力。在就业竞争中，虽然专业技能是一项重要的考量标准，但是，任何一项职业对于从业者的要求，都绝不仅限于个人的专业知识与技能，还包括其他综合的职业素质。大学生在校期间所培养的职业要求的所有知识与能力，就是学业，包括专业知识技能、人际沟通能力、口头表达能力、情绪调控能力、思想道德素质等。职业理想作为个人的一种思想意识，对于促进大学生学业的提高起着重要的作用。不同的职业对从业者提出不同的要求，大学生确立一定的职业理想后，会在该目标的指引下，朝着相应的要求努力，即表现在学业上的不断提高，培养自己的综合就业能力。一方面，职业理想一旦确立，大学生将在一定的方向指引之下学习与职业领域相关的专业知识与技能，这是个人学业的核心，也是大学生就业的关键竞争力。另一方面，大学生的综合素质与能力作为学业的重要内容，也在职业理想的推动下不断提高。大学生的人际沟通能力、语言表达能力、情绪调控能力、组织管理能力等并不是在专业教材或书籍上可以学到的，而应该在实践锻炼中领会，获取直接经验，才能逐步实现综合能力的提高。职业理想推动大学生明确其能力欠缺方面，从而有针对性地完善自我，实现自身能力素质与职业理想的要求相匹配。因而，职业理想对于大学生学业的提高起到了重要的推动作用，推动大学生在一定的目标指引之下实现自身综合素质与能力的全面提高。学业成绩是学校对学生各方面表现的综合评价，是学生进入职场的一项重要基础。在职业理想的推动下，大学生有更大的动力去提升自身的学业成绩，为实现职业理想做好各方面的积累与锻炼。

（三）职业理想激发大学生提升就业能力

“大学生能够在就业市场上成功竞争取得职位并且在职场上顺利发展的能力，我们称为就业能力。就业能力可概括为三大类，即专业技术能力（专业知识技能）、基本能力（表达能力、分析能力、解决问题能力等）和可转移能力（沟通能力、管理能力和人际关系能力等）。”[1] 在就业形势严峻的今天，大学生非常关注自己的就业问题，对未来从事的职业有一定的设想和规划。大学生对未来所从事职业的主观想法和愿望进一步明晰和具体，就形成职业理想。职业理想较为具体、清晰地勾画出职业发展的目标与战略步骤，因而能形成一股强大的动力，激发大学生有针对性地提升自己的就业能力。就业能力是更为广泛的概念，大学生的专业和学业构成了其就业能力，其中，专业是大学生的关键就业能力，学业是综合就业能力。职业理想一旦形成，一方面明晰了大学生在职业上的方向和目标，促使大学生提升自己理想职业领域范围内的专业能力，这是大学生在就业竞争中的内核；另一方面，职业理想作为一种相对具体化的目标，能够更有针对性地激发大学生形成综合竞争力。从横向看，职业理想激发大学生提升与自身职业理想相关的综合能力，如管理岗位需要较强的组织管理能

[1] 郝登峰，等. 大学生就业创业理论与方法［M］. 北京：人民出版社，2010：105.

力、人际沟通能力，编辑岗位需要较强的文字表达能力，文艺工作者需要较强的文艺表现能力，等等。从纵向看，职业理想激发大学生在不同的阶段，有计划有步骤地提升自身的综合能力。如在大一、大二阶段，积极参与学校各种比赛，参与学生会、团委等学生社团，在比赛及学生干部经历中培养自己的综合能力。在大三、大四阶段，有意识地争取各种见习、实习机会，在社会实践锻炼中积累经验，提升自己的综合能力。因此，职业理想对于大学生就业能力的提高，起到非常重要的促进作用。

（四）职业理想激励大学生追求事业成功

“所谓事业，是人在理想信念的指引下，理性地选择并确定自己的职业和岗位，并为此努力执着奋斗的过程和目标，它是认知、情感、意志、行动的高度统一，是奋斗目标和实践过程的统一。”[1] 在专业、学业、就业、职业、事业这“五位一体论”中，事业成功是最终的奋斗目标，职业则是事业取得成功的载体。职业理想是对未来所从事的工作及在工作时所取得成就的设想，个人确立职业理想、追求职业理想、实现职业理想的过程，乃是沿着事业成功的路径在一步步逼近。如果个人如愿从事自己理想的职业和岗位，但是仅仅只是满足于现状，没有在其岗位上进一步提升，则难以成就一番事业，而只能在其当前的工作岗位上十年如一日，碌碌无为。前面已述，职业理想具有动态性，是变化发展的。恰是职业理想的发展变化激励着人们不断地确立新的职业目标，在变化发展的职业理想的激励下取得螺旋式上升及波浪式前进，只有不断地发展进步，最终才能在某一领域内取得实质性的成果，获得事业的成功。比如，教师工作者，如果仅是把教师工作作为一个谋生的手段，没有在从教的过程中不断地进行学术研究或者教学能力提升，则难以在教师这一职业上取得成就。但是，如果教师能在其职业生涯中不断确立新的目标，在目标的追求、实现、进一步追求、再实现这样的轮回中取得进步，那么久而久之，就能在职业上有

[1] 刘峰，钟军，杨琳. 高校毕业生事业观教育的系统研究［J］. 教育研究，2006（7）：82-84.

所成就，取得事业的成功。

综上所述，职业理想对大学生的作用，在一定程度上体现出大学生专业、学业、就业、职业、事业“五位一体论”的内在联系。因此，在大学生的职业生涯规划中，职业理想这一重要因素应当受到高度重视。

二、大学生职业理想的特点

（一）大学生职业理想的过程性特点

1. 呈现由模糊到清晰的趋势

大学生职业理想是在内外因共同影响下形成的长期过程。在这个过程中，职业理想呈现出由模糊到清晰的趋势。大学期间分为四个年级阶段，由大一到大四，大学生的学习深度、实践锻炼、社会阅历、职业规划等状况在逐步加强。这从另一方面反映出大学生对职业的认知，对自我的认知及就业能力也在逐步提升。因此，职业理想也随之由模糊走向清晰。大学生根据对社会不同行业及自身现实状况的了解，逐渐明确职业理想并在就业能力的提升及相关规划的制定中深化职业情感、强化职业意志，从而促使自身职业理想的清晰化、明确化。

2. 由多个逐步走向单一

社会上的各行各业都有其特点，不同的职业性质、职业特点能给人们带来一定的吸引力。大学生在对职业及自身没有深刻认识之前，其职业理想通常不具单一性，而是对多个职业都有一定的好感，难以形成对某一职业的强烈情感及意志。表现在对不同职业的优势都有偏好，如公职的社会地位及稳定性、私企的自由性、自主创业的挑战性等。这种目标不集中、分散式的职业理想是不成熟和不稳定的表现。而随着大学生生理、心理逐渐成熟，阅历增加，对行业及自身现实状况的了解也更为客观、深刻，从而逐步形成对某一职业的憧憬。大学生的职业理想开始出现单一的特点，并在职业情感的催化及职业意志的驱动下，积极地集中全力朝单一的职业理想努力。

3. 形成由“解构”向“建构”的模式转变

解构，即是对已建立起来的结构进行分解、拆解和消除。建构，是相对于结构而言的，即是某一系统的建立。大学生职业理想的形成在一定程度上呈现出由“解构”向“建构”的模式转变。“解构期”，也即大学生在对内心形成的多个职业理想进行逐一的排除过程。个人在内在需求及外在环境的影响下，容易对多个不同的职业产生好感，从而形成多个朦胧的、不稳定的职业理想。然而，在诸多主客观条件的限制下，并非所有有好感的职业都是合适的、可行的。因此，我们会对不合适的、不可行的职业理想进行逐一的排除，这就是一个“解构”的过程。而在之前诸多的职业理想中，满足自身需求又符合主客观条件，具有较强可行性的职业理想会被保留下来，成为个人稳定的、单一的职业理想，这就进入了职业理想的“建构期”，个人开始为实现这一理想作系统的准备，增强职业认知、提升就业能力、进行职业规划等，从而使职业理想越加清晰、坚定。这就是职业理想由“解构”向“建构”的模式转变。

（二）职业理想的结果性特点

1. 功利化倾向出现

“功利化倾向即是把需要和价值定位在现实的、眼前的、具体的利益与事物上，形象地说就是什么都和利益挂钩。”[1] 当前大学生的职业理想形成过程中，开始出现功利化倾向，具体表现在择业意向、就业区域选择、年薪要求等方面。这种功利性观念的出现，直接影响了大学生职业理想的方向及稳定性。

在当前激烈的社会竞争及巨大的生活压力面前，物质利益更加受到人们的关注。在择业就业问题上，职业的社会声望与地位、薪酬福利、所在区域等成为人们普遍关注的问题。因此，大学生在择业就业上开始出现如下倾向：工作强调经济利益，职业选择多集中在沿海地区及大中型城市，

[1] 郑永廷，曾萍. 当代大学生的成长需要与高校思想政治教育的价值实现［J］. 思想政治教育研究，2010（12）：94-99.

追求工作的稳定性与安全感等。在以上观念的驱使下，大学生的职业理想与社会及自身现实存在一系列矛盾，即社会现实与自身现实情况无法满足职业理想的要求。在就业市场中，工作稳定轻松、福利待遇好的职业出现“千万人挤独木桥”的现象，而工作强度大、福利待遇较差的职业则门庭冷清；发达城市人才竞争激烈，落后边远地区人才紧缺，这些都体现了毕业生的就业心理。

2. 务实化日益明显

大学生职业理想务实化日益明显。职业理想是一种意识范畴，也是一种超越现实的精神现象，有一定的理想成分。然而，大学生职业理想中，理想成分日益低于务实成分。更多的大学生职业理想考虑的是行业性质、就业区域、专业对口性、就业能力、面临障碍等问题。而关于自身的兴趣、价值实现等问题关注较少。这也反映出大学生在工具理性与价值理性的权衡中，倾向于工具理性，呈现出目标导向以及务实化的趋势。职业理想在这样的观念下形成，容易导致大学生职业理想狭隘，阻碍大学生自身潜能的发挥，抑制其积极性、主动性的发挥。如当前在校不少大学生过分注重技能证书的考取，唯成绩至上，重技能课程轻人文课程，重专业素质提高、轻视综合素质培养等。这都是大学生职业理想务实化的外在表现。

3. 趋同化逐渐普遍

大学生职业理想趋同化逐渐普遍。绝大多数同学职业理想的行业取向为公职，有力地说明了这一点。大学生职业理想的趋同化受到多方面因素的影响，导致大学生职业理想趋同化的两个主要原因：一是社会对不同行业的评价影响大学生职业理想的确立，社会地位高、声望好的行业受到多数人的热捧，导致多数学生以此为职业理想；二是职业对从业者需求的满足状况影响大学生职业理想的确立。待遇高、福利好的行业更能满足人们的需求，因此吸引了多数人从事该行业。大学生职业理想趋同化表现为学生自主性缺失，职业理想的确立并非按照个人意志及兴趣取向，而是受到社会大众及行业趋势的影响。趋同化现象的逐渐普遍会加剧就业竞争，不利于大学生才能的发挥和价值的实现，甚至阻碍大学生职业理想的实现。

大学生的职业理想是个人的主观愿望，与社会现实及大学生的自身现实存在着一定的矛盾。职业理想与社会现实的矛盾体现在：职业理想与社会行业、地域及起薪等方面的矛盾。职业理想与自身现实的矛盾体现在：职业理想的能力要求与自身现实能力的矛盾、职业理想与专业对口性、是否是学生干部、身体条件等方面的矛盾。

三、大学生职业理想现状的原因分析

（一）基础教育忽略职业理想教育

我国的基础教育包括幼儿教育、小学教育及普通中学教育。在个人职业理想形成的幻化、分化及成熟三个阶段中，幻化及分化阶段是在个人接受基础教育期间进行的。因此，基础教育对于个人的职业生涯规划起着重要的引导作用。然而，在当前的教育环境之下，基础教育并不关注职业生涯规划教育，在学生职业理想形成的重要阶段没有发挥其关键作用。

1. 重学习成绩缺思想引导

我国虽在20世纪80年代就提出重视素质教育，提高国民素质，然而，由于人才选拔机制依然以应试成绩为主，素质教育的推行依然没有达到理想的效果。基础教育阶段本应是学生职业生涯规划教育的起步，但由于学生在每一升学阶段，都以学习成绩作为主要考核标准，这导致基础教育阶段学校往往重视学生学习成绩，而缺乏对学生进行职业生涯教育。

在当前的教育体制之下，学生在基础教育阶段面临着一定的升学压力。每一入学考试的最终衡量标准都避不开成绩，这就导致了成绩成为学校、家长、学生关注的焦点，学校的教育围绕着提高学生成绩转，学生思想意识的引导则被忽略了，职业生涯规划教育在基础教育阶段难以得到体现。尤其是在高考“指挥棒”的压力下，学校更是把教育的重心压在提高学生的学习成绩上，素质教育仅是流于形式。

2. 缺乏专业介绍，与高等教育脱节

中小学的职业理想主要处于幻化和分化阶段，主要出于兴趣及个人特长而形成的较为模糊的职业理想，缺乏对不同专业的具体认识，这反映出基础教育与高等教育存在一定的脱节，缺少向学生做相关专业介绍，导致学生职业理想在这一阶段缺乏较好的专业引导，在高考志愿填报时较为迷茫，难以确定合适的专业。如果高考填报志愿时所选专业与职业理想相差甚远的话，那将为其以后的职业生涯带来较多的阻碍。

当前的基础教育与高等教育衔接有限，学校及教师对于学生的职业理想并没有充分地重视，缺乏为学生做高等学校专业的相关介绍，引导学生关注适合自己的专业领域，逐步确立相对成熟的职业理想。这是导致学生进入高等教育阶段后，仍有多数人职业理想较为模糊的重要原因之一。

（二）高等教育职业理想教育缺乏有效性

“高等教育是指在完成基础教育的基础上进行的专业教育，是培养高级人才的社会活动。”[1] 高等教育包括全日制大学、独立学院、职业技术学校及高等专科学校，是学生专业能力及综合素质形成的重要环境。处于高等教育阶段的学生身心开始逐步发展成熟，职业理想也在此阶段走向成熟、理性。因此，高等教育阶段的职业生涯规划教育对大学生职业理想的引导起到非常关键的作用。然而，当前高校的职业生涯规划教育并不理想，导致大学生职业理想与社会及自身现实存在着一定的矛盾。

1. 重实用价值轻精神价值

高校是培养人才知识、素质、技能等方面的主要阵地，因而高校培养人才的理念对于大学生的价值观影响重大。高校在大学生的就业压力及用人单位选拔人才机制面前，对于实用价值与精神价值的衡量与把握开始出现偏移，不少学校，尤其是专科院校培养人才的方式更加注重学生的专业技能，而对于大学生人文精神的培养重视程度不足。这就导致了不少大学生在校期间，把学习重心完全放在专业知识与技能的学习，忽略了其他的综合能力与素质培养（如人际沟通能力、情绪调控能力、语言表达能力、处理问题的能力，等等）。而相关能力的缺失则形成大学生职业理想与自身现实条件的一大矛盾。

---

[1] 高等教育：百度百科：http：//baike. baidu. com/view/11005. htm.

高等教育重实用价值轻精神价值体现在，对于专业性、技术性及应用性课程的师资投入力度大，对于人文课程（如思想政治课程、职业生涯规划课程等）投入力度小。高校对人文课程的重视程度小，直接影响到大学生综合素质的提高及价值取向的确立。一方面，在高校，思想政治教育理论课程虽作为大学生的必修课程，但是在对大学生的价值观念进行正确引导方面并没有有效发挥出来。大学生在择业、就业方面功利性倾向的出现与高校人文教育的弱化不无关系。另一方面，高校开展职业生涯教育缺乏连贯性与长期性。“学校缺乏对学生的全程指导，对就业指导的认识还停留在‘安置’层面，往往采用‘突击指导’的方式”。[1]

2. 职业生涯规划教育方式单一

长期以来，高校对在校学生开展的职业生涯教育方式较为单一，往往仅是开设课堂理论教学及就业讲座，向学生介绍就业形势及就业相关政策法规，而没有创新方式对学生的职业理想进行激发和鼓励。在大学生更倾向于学校通过何种方式开展职业生涯教育的调查中，选择通过“理论课教育”的仅占 9.34%，而希望通过“增加实习机会”的则占 47.58%。这说明，传统的理论课教育对大学生的职业生涯规划并没有起到较好的效果，得不到学生的认可。

高校的职业生涯规划教育过于单一，导致学生缺乏多种渠道了解不同专业对应的职业群，对职业了解不深刻，从而在学习与锻炼中缺乏针对性。因此，当职业理想明确性受到影响，个人也难以有针对性地学习与职业理想要求相关的知识与技能。高校没有关注大学生的职业理想及就业心理动态，并结合社会实际就业环境，长期开展行之有效的职业生涯规划教育，而是采用千篇一律的理论灌输。有些教师在就业指导课中甚至是同一课件连用好几届，就业指导仅是流于形式，没有起到实质性的作用。

（三）个人职业规划自觉性与执行力弱

“理想转化为现实的根本条件是把理想付诸行动。”[2] 职业理想的实现，

[1] 苏兴. 大学生职业生涯教育与研究［D］. 中国石油大学硕士论文，2005.

[2] 甘泉. 当代大学生理想教育的路径［J］. 思想教育研究，2007（3）：35-37.

同样需要付诸行动。在职业理想的形成、发展、确立、实现这个长期的过程中，大学生作为主体，其实践行动起到决定性的作用。当前大学生职业理想存在的矛盾，很大程度上取决于大学生自身实践行为上的不足。

1. 在职业生涯规划上执行力较弱

当前大学生就业实行的是双向选择政策，在人才供过于求的就业市场中，大学毕业生处于较为被动的位置。因此，做好职业生涯规划并有计划地执行，是每一个大学生都应该努力的。然而，当前高校学生在职业生涯规划上执行力较弱，这直接导致了大学生的职业理想明确性较小、就业能力有限等问题。

职业理想从形成到实现，是一个长期的过程，这就意味着个人追求职业理想也需要一个长期、持续的职业规划与之相对应，并做出相关的努力。因此，职业生涯规划的重要性不言而喻。然而，根据调查，“已经做过职业生涯规划”的大学生仅占 24. 5%，“想做但还没做”的比例高达 68. 51%。这说明，大学生在职业生涯规划方面的执行力较弱。如果没有在大一入学期间就开始着手进行职业生涯规划，而是到了大四临近毕业才“突击”，那么，大学生难以有步骤、有针对性地进行专业知识、实践锻炼，其知识、技能与综合素质也难以得到全面的提高。因此，积极进行职业自我探索，确立目标并制定行之有效的职业生涯规划，才能步步逼近，最终实现职业理想。当前大学生职业生涯规划的执行力较弱导致其职业理想的确立与追求面临着一系列的矛盾。

2. 在提升就业能力上自觉性不强

就业能力是在就业市场上成功取得职位并且在职场上顺利发展的能力。每一个职业都有其对应的能力要求，这就决定了大学生必须具备一定的就业能力才能在就业竞争中脱颖而出并胜任其职位。然而，部分大学生在提升就业能力方面的自觉性不强，树立远大的职业理想，但行动上并没有为之努力，成为“思想的巨人、行动的侏儒”。

大学生的就业能力通常可概括为专业技术能力（专业知识与技能）、基本能力（表达能力、分析能力、解决问题能力等）和可转移能力（沟通能力、管理能力和人际关系能力等）。以上能力的培养与提升，需要大学生自觉地持之以恒。然而，当前大学生在就业能力上的自觉性不强。从横向上看，大学生就业能力的培养不全面。不少大学生仅把学习重心放在专业知识的学习上，而对于其他综合能力与素质的培养并不重视。这就导致社会上出现不少“高分低能”的大学生，理论知识基础好、其他综合能力素质差，智商高、情商低。从纵向上看，大学生就业能力的培养连贯性不强。在四年的大学生活中，不少大学生并没有在不同的年级阶段有意识地培养自己各方面的能力，而是在低年级阶段对自己放松要求，浑浑噩噩过日子，到了临近毕业，在就业压力面前才意识到就业能力的重要性，于是在短时间“突击”补课。但是，这样的效果往往较差，难以形成有竞争优势的就业能力。大学生在就业能力提升方面的自觉性不强，直接导致其现实能力与职业理想的能力要求存在一定的差距。

第三节　大学生职业理想教育对策

当前大学生职业理想现状存在着诸多矛盾，在严峻的就业形势面前，大学生职业理想与社会现实、自身现实之间存在的矛盾将影响其职业生涯的发展。因此，加强大学生的职业理想教育，积极引导大学生形成合适的职业理想并有计划有目的地进行追求，对于提高大学生的就业竞争力、实现职业理想具有重要意义，也在一定程度上改善大学生的就业状况。

一、大学生职业理想教育的原则

所谓原则，是指说话或行事所依据的法则或标准，是经过长期检验所整理出来的合理化现象。大学生职业理想的形成、发展、变化及追求、实现有着一定的规律特点，因此，开展大学生职业理想教育必须遵循相关规律，以一定的原则为准绳。

（一）实事求是原则

实事求是，是指从实际对象出发，探求事物的内部联系及其规律性，认识事物的本质。实事求是是马克思主义的精髓。毛泽东指出：“‘实事’就是客观存在的一切事物，‘是’就是客观事物的内部联系，即规律性，‘求’就是我们去研究。”[1]

1. 保持务实精神

大学生的职业理想教育的教育主体并不仅限于高校，而应当包括家庭及个人。在职业理想教育的开展过程中，每一主体都应当保持强烈的务实精神。

第一，对于大学生个人来说，务实精神即是要求大学生必须对自我有充分的认识，深刻探索自身的性格、兴趣、特长、能力等，对自身做出客观的评价，从而形成并确立合理的职业理想。否则，将出现两种情况：一是过高评估自己，二是过低评估自己。

第二，对于高校来说，务实精神意味着高校开展职业理想教育应当坚持正确的理念及方法，既要以社会的客观现实状况为基础，又要尊重大学生的身心发展规律开展教育。

第三，对于家庭来说，务实精神意味着家庭应当给予子女在职业理想上的自主性，充分尊重其实际意愿，家长不可将个人意志强加于子女。大学生是成年人群体，在职业理想的形成过程中有着自己的价值判断与选择，家长应尊重子女的实际需要及意愿，在子女职业理想的形成与确立过程中充当引导者而非决策者。

2. 坚持理论与实际相结合

理论与实际相结合是唯物辩证法的精髓。所谓理论与实际相结合，就是既要学习理论，又要将理论与具体实际相结合，运用马克思主义的立场、观点和方法，分析和解决实际问题。在大学生的职业理想教育中，切忌空讲理论，脱离现实。理论如没有与实际结合起来，就仅是抽象、空洞

---

[1] 毛泽东选集（第3卷）[M]. 北京：人民出版社，1991：801.

的理论，不具有实质意义。我们讲知行合一，就是要求理论终究要回归到现实问题中，指导人们解决实际问题，从而达到主观与客观相统一。在大学生职业理想教育中，重视社会的现实发展状况及大学生的身心发展特点，因人制宜、因地制宜、因时制宜，在正确理论的指导下，结合实际状况开展职业理想教育，才能达到较好的效果。

（二）与时俱进原则

与时俱进，就是在坚持科学理论的基础上，准确把握时代发展的脉搏，在理论上回答和解决新时代的新实践所提出的新课题，进而推动理论的发展。开展大学生职业理想教育应当贯穿与时俱进原则，要求职业理想教育工作在理念及方法上应当跟上时代发展的步伐，依据社会客观及个人主观的新变化而进步。

1. 更新教育理念

“教育理念，是教育主体在教学实践及教育思维活动中形成的对‘教育应然’的理性要求和主观要求。”❶ 随着时代的发展，社会的职业发展趋势呈现出新的特点，大学生在新的社会环境之下职业理想出现新变化。因此，职业理想教育应当更新教育理念以满足社会及学生的新需求。

第一，正确认识主体教育理念。传统的教育理念认为教育者是教育主体，受教育者是教育客体。传统的职业理想教育坚持这种教育理念，对受教育者进行理论的单向灌输及技能训练，强调受教育者对学校、教师、社会、父母的机械顺从，忽视其主体性的发挥。这样的教育理念指导之下的职业理想教育容易培养出“高分低能”的大学毕业生。因此，大学生的职业理想教育应当更新观念，正确认识主体教育理念，在职业理想教育中重视受教育者的主体性，了解受教育者的个体差异性，根据其实际需要开展职业教育，从而达到较好的教育效果。

第二，重视人文教育。人文教育“包括人文知识、人文思想、人文方

---

❶ 周明星，汪开英. 现代职业教育之理念探微［J］. 河北师范大学学报，2003（4）：53-57.

法和人文精神的教育”[1]，人文教育旨在提高人的人文素养。“职业人文教育是养成人的职业素质与职业精神的教育活动。”[2] 与人文教育相对应的是科学教育，传统的职业教育重视科学教育，即把大学生培养成具备一定科学文化知识与专业技能的人才，而忽视了大学生在职业上的认知、情感、态度及价值观等。优秀的人才应当既具备一定的专业技能，又具备较高的人文素养。高校职业理想教育应当重视人文教育，实现科学精神与人文精神的融合，培养专业技能高、价值倾向正确的优秀人才。

2. 创新教育方法

大学生的职业理想教育在新的社会环境之下，面对新矛盾，应当相应创新教育方法，解决新问题。

第一，重视实践锻炼。职业理想教育始终围绕着实践开展。个人的职业理想是否与客观现实相符合，不是凭个人的主观感受来评价，而是通过实践的检验来证明。因此，职业理想教育创新方法应当考虑到实践的重要性，引导大学生增强实践意识，并增强职业理想要求的相关能力锻炼，在实践锻炼中提升自我，增强就业能力。

第二，注重大学生的实习锻炼。大学生应当适当地进行实习锻炼，否则，没有实际参与到工作岗位的实习中，就很容易出现自身的素质与能力无法满足用人单位的要求的情况。因此，高校加强与社会各单位的合作，为大学生提供通畅渠道了解行业信息、要求等，从而明确自身职业理想并为此做出相应努力，这是职业理想教育方法创新的新方向。

（三）激发鼓励原则

“激发鼓励，简而言之，就是鼓励，是指运用各种有效的手段激发人们的动机、热情，调动人们的主动性、积极性、创造性和潜能，使其朝着

---

[1] 杨叔子. 绿色教育：科学教育与人文教育的交融［J］. 教育研究，2002（11）：12-16.

[2] 高宝立. 职业人文教育论［J］. 高等教育研究，2007（5）：54-60.

社会所期望的方向前进。”[1] 大学生职业理想教育应当坚持激发鼓励原则，激发大学生的内在动力，对其职业理想保持较大的热情，并调动其积极性，在行为上为职业理想做出实践努力。

1. 激发内在动力

大学生的职业理想作为内在的一种思想意识，本身对于大学生就有一种动力支撑作用。然而，强大的动力仅由个体的内在需要及外部刺激决定。

第一，尊重大学生的心理特点。大学生具有相对特殊的年龄特点，其职业理想也表现出一定的特殊性，往往较为理想化。因此，必须在尊重大学生心理特点的基础上进行引导，才能达到较好的效果。了解大学生的心理特点，才能有针对性地开展职业理想教育，“动之以情、晓之以理”，真正激发其思想动机。

第二，考虑大学生的实际需要。激发大学生在职业理想方面的内在动力，必须从大学生的实际需要出发。大学生是思维活跃、精力旺盛的青年群体，在物质及精神上有一定的追求。因此，在开展大学生职业理想教育应充分考虑大学生的实际需要，通过物质鼓励及精神鼓励，满足其需求，才能激发大学生追求职业理想的动力。

2. 调动积极性

坚持激发鼓励原则加强大学生的职业理想教育，要求教育应当能真正引起学生的热情去确立合适的职业理想，并充分调动起积极性，努力朝着该目标做出相应的实践行动。

第一，确保一定的目标指引。职业理想教育应当引导大学生树立一定的职业理想，以此作为目标指引。大学生在一定的目标指引下，可以增强自身在职业理想追求上的积极性。目标的设置应当合理，才能真正起到实质作用。

---

[1] 陈万栢，张耀灿. 思想政治教育学原理［M］. 北京：高等教育出版社，2009：213.

第二，运用合理的激励方法。激励方法得当，符合客观要求，满足主观需要，则能达到理想的效果，激励人们的积极性。马克思曾提出："人们奋斗所争取的一切，都是同他们的利益有关。"❶ 合理的激励方法应当是满足大学生的切身利益，才能真正调动其积极性，且应具有长期有效性。否则，就容易导致大学生在职业理想上仅是"三分钟热度"，稳定性不强，积极性不高。

二、大学生职业理想教育的方法

大学生职业理想教育是思想政治教育的一个重要方面，对于人才综合素质的提高起着非常关键的作用。大学生的职业理想教育是指帮助大学生选择并从事一项适合自己的职业的过程。通过采用科学的方法，引导大学生在了解职业信息、社会需要及自身特点的基础上，形成并确立合理的职业理想并通过实际行动追求职业理想的过程。开展大学生职业理想教育必须采用科学的方法，根据当前大学生职业理想存在的矛盾问题，主要可采用以下三个一般方法进行大学生职业理想教育。

（一）实践教育法

"所谓实践教育法，就是组织、引导人们积极参加多种实践活动，不断提高思想觉悟和认识能力的方法，即在改造客观世界的过程中同时改造自己的主观世界的方法。"❷ 实践教育法是思想政治教育的基本方法，大学生的职业理想教育是指帮助大学生选择并从事一项适合自己的职业的过程，它是思想政治教育的一个重要方面，是引导大学生在职业理想上达到"知行统一"、由"内化"转向"外化"的过程。因此，大学生职业理想教育应当采用实践教育法。

1. 实践教育法的依据

第一，理论依据。马克思的认识论是实践教育法的重要理论依据。首

---

❶ 马克思恩格斯全集（第1卷）［M］. 北京：人民出版社，1956：82.

❷ 郑永廷. 思想政治教育方法论［M］. 北京：高等教育出版社，1999：125.

先，实践是人的正确思想形成发展的源泉。职业理想作为人的一种思想意识，其形成与发展必然由实践而来。“人的思想只有当人同客观事物相接触时才能发生，而社会实践则是人同社会环境和客观事物相连结的唯一纽带和桥梁。”❶ 其次，实践是人的思想发展的动力。职业理想一旦形成，如果缺乏一定的动力支撑，职业理想则会出现易变、模糊甚至逐渐消亡。但是，实践是不断发展的，个人只有在实践活动中才能不断面对新问题、进行新探索、取得新进步。最后，实践是思想认识的目的和检验人思想的标准，思想认识的正确与否需要由实践进行检验。“只有人们的社会实践，才是人们对于外界认识的真理性的标准。”❷

第二，现实依据。当前大学生职业理想与社会及自身现实之间的矛盾，是实践教育法的现实依据。一方面，大学生职业理想的部分理念与社会现实存在一定偏差，需要在实践中加深对社会现实及行业发展的了解。大学生在理论学习中，缺少对社会现实的深刻了解，其理念往往脱离社会现实，过于理想化。如对就业区域、工资待遇等期望过高等。应当加强实践教育，促进大学生在实践锻炼中真切了解社会现实，摆正不现实的、不理性的观念；另一方面，大学生现实就业能力与社会要求存在差距，需要在实践锻炼中提升大学生的就业能力。大学生的现实就业能力无法满足社会对人才的要求，这是加剧社会就业形势的重要因素。只有提供更多实践的机会与渠道，促使大学生在实际活动的参与中逐步提高自己各方面能力，实现自身能力素质与职业理想相关要求相匹配。

2. 实践教育法的方式

采用实践教育法开展大学生的职业理想教育，应当充分考虑大学生的实际情况，因地制宜、因时制宜，确保教育的有效性。根据大学生生活的场所，实践教育法的开展可通过校园实践教育与校外实践教育两种方式进行。

---

❶ 郑永廷. 思想政治教育方法论［M］. 北京：高等教育出版社，1999，126.

❷ 毛泽东选集（第1卷）［M］. 北京：人民出版社，1995：284.

第一，大学生校园实践教育。大学生校园实践教育，即是“在学校的指导和规范下，由学生自己设计、发动、策划、组织和开展的，以校园为舞台，以课外时间为活动时间，以学生的需求为基础，以学生的兴趣为关系纽带，在长期互动中形成的旨在促进学生社会化和全面发展的一系列活动和过程的总和。”❶ 大学生职业理想教育在校内的开展，需要通过校园实践活动，促使大学生正确观念的形成及能力素质的养成。职业理想的校园实践教育可通过以下渠道开展：其一，通过高校学生干部平台进行实践教育。在担任学生干部的实践锻炼过程中，大学生的综合能力得到提高，尤其是组织管理能力、语言表达能力及人际沟通能力，都能得到一定程度的提高，从而逐步实现个人现实能力与职业理想的要求相匹配。其二，通过各类校园比赛进行实践教育。高校为活跃校园文化及提高学生综合素质，往往会开展多种类型的校园比赛。大学生在各种比赛中进行相应的知识与技能准备、心理调节、沟通处理等实践，在此过程中，大学生的综合能力能够得到一定的提升。

第二，大学生校外实践教育。大学生校外实践教育，是指“按照党的教育方针和学校的培养目标，有目的、有计划、有组织地引导大学生走进社会、联系群众、深入实际、认识国情、学习知识、接受教育、增长才干、作出贡献的一些列物质精神活动的总称。”❷ 社会是大学生较为陌生的环境，因而非常有必要通过社会实践教育加强大学生对社会的认识，在此基础上调整、确立其职业理想并锻炼相应的能力。职业理想的校外实践教育可通过以下渠道展开：其一，农村社区基础锻炼，实现大学生就业观念中的理想与现实的理性调节。大学生处于世界观、人生观、价值观的形成阶段，尚未形成完整的价值观体系，因而在职业理想的确立过程中，其认知存在一定程度的片面性，容易出现理想与现实脱节的情况。通过农村及

❶ 胡树祥，吴满意．大学生社会实践教育理论与方法［M］．北京：人民出版社，2010：139．

❷ 胡树祥，吴满意．大学生社会实践教育理论与方法［M］．北京：人民出版社，2010：139．

社区基层锻炼，让大学生接受考验，感受理想与现实的差距，可以促使其观念的调节。其二，相应实习单位锻炼，提高大学生的综合就业能力。大学生在校期间学习专业理论与技能，但是缺乏实际的平台将专业理论与技能进行应用和展现，所以，未经实习锻炼的大学生实操能力往往较弱。通过相应实习单位见习，可促进大学生的知行统一。杜威曾说："准备社会生活的唯一途径就是进行社会生活。"大学生为实现职业理想而做出就业准备，最好的准备就是直接进行职业相关的实践锻炼。

（二）激励教育法

"激励教育法，就是激发人们的主观动机，鼓励人们朝着正确目标努力的方法。"❶ 激励教育法是思想政治教育常用的一般方法，在职业理想教育中同样需要采用激励教育法，激发大学生从事某工作的主观动机，并朝着该目标做出相应的努力。

1. 激励教育法的依据

第一，以大学生的客观需要为依据。"需要是人对客观事物的需求在头脑中的反映。"❷ 人的行为过程一般都会经历一个"需要——动机——行为"的过程，需要是激发人们动机、促进人们行为的源泉。大学生确立的职业理想，是基于自身的需要而形成的。从横向上看，根据马克思的需要理论，人的需要包括自然性需要与社会性需要、物质需要与精神需要、个体需要与社会需要；从纵向上看，根据马斯诺的需要层次理论，人的需要分为生理需要、安全需要、爱与归属需要、尊重和自我实现的需要。在大学生职业理想教育上，要想激发大学生的思想动机、确立其职业理想并调动其行为的积极性，需以激励来引发其需要、以激励来强化其需要。大学生在职业上的需要是客观存在的，激励教育法就是从人的需要出发，在满足其需要的基础上，激发大学生的思想动机，树立明确、合理的职业理想，并在思想动机的推动下进行产生相应的积极行为，从而实现职业

---

❶ 郑永廷. 思想政治教育方法论［M］. 北京：高等教育出版社，1999：149.

❷ 罗洪铁. 思想政治教育研究［M］. 成都：四川人民出版社，2002：505-506.

理想。

第二，以大学生的心理和行为活动规律为依据。“人的心理和行为活动的规律是指人的思想和心理活动及行为发生和发展的变化规律。它是激励教育法运用的心理学基础和依据。”❶ 人的行为是在思想动机的驱使下直接产生的，而思想动机的形成通常需要两个方面的条件，即内在需要和能满足需要的外部刺激。因而，人的心理及行为活动经过以下历程：人的内在需要产生一定的思想动机，外部刺激强化其思想动机，在内在需要与外部刺激的共同作用下产生相应的行为目标。目标一旦确定，则开始进行完成目标满足需要的行动。当行动结束，人们的需要得到满足后，又会产生新的需要，以此不断循环反复。大学生职业理想教育采用激励教育法，正是以大学生职业理想由形成到实现整个过程的心理和行为活动规律为依据来开展。在了解大学生树立职业理想的内在需要的基础上，通过相应的外部刺激满足其需要（如职业上的目标激励、奖罚激励、竞争激励等），促使其形成明确合理的职业理想。职业理想作为一种思想动机，可以促进大学生进行相应的行为活动以实现其职业理想。

2. 激励教育法的方式

在职业理想教育中采用激励法，应当注重大学生的身心特点，同时合理运用教育资源，确保职业理想教育的激励教育法能够达到实效。

第一，目标激励。“目标激励，就是通过设置、树立理想和目标，激发人们为实现理想和目标而奋斗。”❷ 在大学生职业理想教育中运用目标激励，即是引导大学生在校期间，树立一定的职业目标，并激发其为实现该目标努力奋斗。目标一旦确定，人们的追求才有方向可循，其行为才更有针对性、付出才更有实效性。引导大学生职业理想的确立，就是对大学生进行实际的目标激励。但是，目标激励应当结合现实，既考虑到大学生的个体差异性，又考虑到社会现实，分层次分阶段设置目标，才能达到较好

---

❶ 陈金军. 思想政治教育激励教育法的发展研究［D］. 重庆：西南大学硕士毕业论文，2007.

❷ 郑永廷. 思想政治教育方法论［M］. 北京：高等教育出版社，1999：150.

的激励效果。

第二，奖罚激励。“奖罚激励，就是对人们的思想行为表现给予肯定、表扬或给予否定、批评。”❶ 奖罚鼓励事实上是通过外在刺激，对人的思想及行为进行强化，这种强化分为正强化和负强化。对个体正确、适当的思想和行为进行肯定、奖赏，就是正强化；对个体错误、不当的思想和行为进行否定、批评，就是负强化。大学生处于世界观、人生观、价值观的形成阶段，尚未形成理性、成熟的价值观念。在其职业理想的形成、发展与追求过程中，难免出现价值观念偏差、行为不当的情况，这就需要职业理想教育在此过程中发挥作用，通过奖赏激励，合理调节大学生的思想及行为，鼓励先进的、积极的，批评后进的、消极的，从而达到理想的教育效果。

第三，竞争激励。“竞争激励，就是通过评比、比较造成一种相互竞赛，不甘落后，争取优胜的状况。”❷ 在当前严峻的就业形势中，人才竞争非常激烈。大学生职业理想教育可以合理利用人才之间的竞争，增加大学生的忧患意识，激发其斗志与拼搏的精神。竞争激励可把握校内与校外两种环境：在校内，通过大学生之间的知识与能力竞争；在校外，社会竞争形势可增强大学生的忧患意识，从而能够更加理性地思考自己的职业理想，并且付出相应的行动去努力争取。

（三）自我教育法

“所谓自我教育法，是指受教育者根据思想政治教育的目标和要求，在自我意识的基础上通过自我认识、自我体验、自我控制产生积极进取之心，主动接受先进思想和正确行为，形成良好的思想品德和行为的方法。”❸ 自我教育法是思想政治教育的一般方法，在大学生职业理想教育中采用自我教育法，可以真正激发大学生的自觉性与主动性，达到理想的

---

❶ 郑永廷．思想政治教育方法论［M］．北京：高等教育出版社，1999：151.

❷ 郑永廷．思想政治教育方法论［M］．北京：高等教育出版社，1999：151-152.

❸ 邱伟光，张耀灿．思想政治教育学原理［M］．北京：高等教育出版社，1999：223.

效果。

1. 自我教育法的依据

唯物辩证法的内外因原理是自我教育法的依据。根据唯物辩证法的内外因原理，内因在事物发展过程中起决定作用。“事物发展的根本原因不在于事物的外部而在于事物的内部，在于事物内部的矛盾性”。[1] 在教育者与受教育者这对矛盾中，教育者是外因，受教育者才是内因。教育者只是从外部向受教育者传授一定的知识、观念、方法等，只有受教育者发挥自己的主观能动性，将教育者所传授的教育内容进行内化，形成自己的思想理念，再进一步外化为具体的行为，形成自己的品格与习惯。因此，只有自我教育才能实现大学生自身能力与素质的真正提高。苏联教育家苏霍姆林斯基说过：“促进自我教育的教育才是真正的教育。”[2] 因此，内因在个人与事物发展过程中的决定性作用决定了自我教育法在思想政治教育的重要地位。

2. 自我教育法的方式

自我教育法可通过多种方式实现，既有个体的自我教育，也有群体的自我教育。采用自我教育法开展大学生的职业理想教育，可通过以下方式实现：

第一，自我反省。自我反省，即个人对自己的思想和行为进行检查对照，寻找其中的不足。自我反省其实是个体通过自我认知、剖析和评价，对自己的思想和行为进行再认识。在大学生的职业理想教育中，通过引导大学生进行自我反省，可以促进其自觉地思考自己树立的职业理想在思想动机、价值观念方面是否合理、正确。职业理想的形成是一个长期的过程，并处于变化发展的状态。大学生尚未形成成熟的思想观念，需要在不断的自我反省中，明确其职业理想，并在适当的时机进行相应的调整。例如，经常采用自我小结、自我鉴定的方法，总结大学生自己的思想动态、

---

[1] 毛泽东选集（第5卷）[M]. 北京：人民出版社，1991：276.

[2] [苏] 苏霍姆林斯基. 给教师的建议 [M]. 杜殿坤，译. 北京：教育科学出版社，1981：205.

专业学习、实践锻炼成效等方面，有助于大学生在总结与反省思考中得到进步。

第二，自我改造。自我改造，就是在社会实践中发挥自己的主观能动性，自觉主动地进行自我批评，在此过程中提高自身的思想道德水平与实践技能水平。因而，自我改造包括两个方面：对内提高思想素养、对外提高能力水平。在大学生的职业理想教育中，通过引导大学生进行自我改造，在社会实践中，充分进行自我探索，了解自身的思想状况与行为能力，并发挥自身的自觉性与能动性，按照正确的目标，不断调整自己的思想与行为。大学生的职业理想是个人一种主观的思想意识，其职业理想的形成、变化与实现的过程，即大学生在不断进行自我改造，以实现主观与客观相符合的过程。

第三，自我约束。自我约束，就是自觉地运用法律、纪律、道德规范等来约束自己，调节自己的思想与行为。大学生开展职业理想教育应重视大学生的自我约束。大学生是特殊的青年群体，思想上稳定性较弱，容易受到外在环境的影响，在择业就业上容易出现功利性倾向，重物质利益轻精神价值。此外，大学生群体思维活跃、精力充沛，在吃苦耐劳、艰苦奋斗方面缺乏一定的意志力。因此，需要引导大学生形成一股内在的自我约束力，抵抗外来诱惑，在有限的学习时间里明确目标，学习相应专业知识与职业理想所要求的技能。否则，放任自流、为所欲为、不加约束，则容易浪费宝贵的学习时间，最终难以形成有竞争力的就业能力。

三、大学生职业理想教育的具体措施

大学生作为社会重要的知识分子群体，是社会发展进步的重要力量。大学生的职业生涯规划直接关系到其成才成长，而职业理想作为个人理想系统的重要内容，对于大学生的专业、学业、就业、职业、事业起到非常关键的动力与导向作用。根据关于大学生职业理想现状的实证调查，当前大学生的职业理想存在着诸多突出矛盾，本书根据当前大学生职业理想存在的矛盾提出相应的对策。

（一）加强高校作为大学生职业理想教育的主阵地建设

高校是大学生学习及生活的主要场所，大学生的价值观念及行为判断能力都在此阶段逐步形成。高校肩负社会责任，培养具备较高思想道德素质与科学文化素质的人才，以满足社会发展的需要。职业理想教育作为大学生思想政治教育的重要内容，应当在高校教育中得到重视。

1. 分年级开展职业理想教育，保持教育连贯性

高校大学生群体由不同年级构成，不同年级大学生由于年龄、知识背景、实践经历等各不相同，所以具有一定的个体差异性。高校开展职业理想教育应重视分年级进行，根据不同年级大学生的具体情况，有针对性地进行职业理想教育。根据调查，不同年级的大学生职业理想状况存在一定差异，主要表现在职业理想的明确性、职业倾向、择业原因、能力欠缺及职业规划等方面的差异。如果高校没有因人而异，根据大学生职业理想所表现出来的实际特点采用相对应的职业理想教育，则难以达到理想的效果。

第一，应当加强大一新生的入学职业生涯规划教育。新生的职业生涯规划教育应当从专业介绍开始，增强新生对专业的认识。专业介绍对不同类型学生可以起到不同的作用。对于对本专业有一定兴趣的学生来说，专业介绍可深化学生对该专业的认识，在具备一定专业认知的基础上进行学习，激发其学习动力、明确方向与目标，这对该学生群体职业理想的逐步明晰将起到关键的作用；而对于对本专业并不感兴趣或完全不了解的学生来说（有些学生所学专业并非出于自身意愿而选的，而是被学校调剂或者是父母意愿所选），专业介绍可帮助学生在了解专业相关情况后，明确自己是否适合该专业。如果适合则今后可以继续在该专业领域范围内学习，如果不适合，则可通过辅修其他适合的专业或者转专业来改变现实状况。此外，在新生职业生涯规划教育中对学生进行学习方法的指导也非常重要。大学学习与中学学习在方法上存在很大差异，如何引导大一新生转变学习方式，更好地适应大学学习，从而顺利完成学业，也是新生职业生涯规划的重要内容。在新生职业生涯规划教育中，大学生的专业认知及学习

方法的掌握，都是其职业理想逐步明确的基本准备，只有具有一定的专业认同感并掌握学习方法，才能有明确的奋斗目标，树立相对明确的职业理想。

第二，应当重视大二、大三学生就业能力的提升。高校本科教育一般为四年制，大一是学生的适应摸索期，大四是毕业求职期，因此，大学生个人就业能力的锻炼与提升的关键时期在于大二及大三两个阶段。大学生的就业能力包括多个方面，既有专业技术能力，也有综合素质能力。这就要求，高校开展大学生职业理想教育应当重视培养大二、大三年级学生的就业能力。具体方式包括：重要专业课程的开设、师资力量的投入、实践锻炼机会的增加、相关技能比赛的开展，等等。根据调查，大二、大三学生在实现职业理想所欠缺的能力方面，专业技术能力成为最多的选择。由此说明大二、大三学生更为担心自身的专业技术能力。因此，高校开展职业理想教育应重视大二、大三学生就业能力的培养，帮助大学生逐步缩小自身的现实能力与职业理想的能力要求之间的差距。

第三，应当重视大四毕业生择业观念的引导。大四是大学生结束学生学习生活，走向社会职业生活的过渡期。大四学生处于求职阶段，其思想观念、心理情绪、行为动机等方面都较为复杂。尤其是在当前严峻的就业形势及物质生活压力较大的现实环境下，大四学生在择业上容易出现功利化倾向。根据调查，大四学生在择业意向、择业原因等相对于其他年级大学生来说，呈现出非常明显的现实与功利性倾向。如果大学生在择业过程中过多重视功利性及物质性因素，将左右其职业理想的确立与发展，并且在一定程度上影响个人正确价值观念的形成及行为的选择。因此，高校应重视大四毕业生择业观念的引导，引导大学生摆正就业观念，权衡物质与精神追求，确立理性、正确的职业理想并付出相应的努力。

2. 多形式开展职业理想教育，提高教育实效性

高校职业理想教育应当多形式开展，避免千篇一律、流于形式，才能起到实质性的效果。

第一，学校与用人单位形成合作机制。大学生的职业理想虽是个体的

主观思想意识，但是职业理想的形成、确立与实现始终离不开学校与用人单位。高校是培养人才的场所，是人才的“供方”，用人单位是接收人才的场所，是人才的“求方”。因此，形成高校与用人单位的合作机制，是大学生职业理想教育的一个有效途径。一方面，长期聘请不同行业不同单位的相关代表到高校开设讲座，参与学校的职业生涯规划课程，向学生介绍行业基本情况、发展前景，解释工作性质、能力要求、用人标准等，使学生获得最为直接的信息，形成一定的职业认知；另一方面，与用人单位合作建立大学生实习基地，为大学生争取到实际工作单位进行实习锻炼的机会。在实习锻炼中，深化大学生对职业的认知，并且提升自己的综合就业能力。

第二，课程设置中导入职业理想目标。高校不同的专业设置旨在培养在本专业领域内具有一定的知识与技能的人才，不同专业的课程设置也有一定的差异性。在不同的专业课程中，可适当导入职业理想目标，即在入学专业教育、本门课程专业讲座及专业课程教学等环节中对大学生职业理想的确立与追求进行引导。不同专业都有其相对应的职业群，在专业课教学过程中，教师可适当普及相关职业信息（包括行业发展情况、工作性质、就业岗位需求、薪资待遇等），加深学生的职业认知。大学生在日常的课程学习中接触相应职业信息，可以增强其职业情感，这对于大学生职业理想的逐步明晰起到非常重要的作用。此外，通识课程及专业课程都涉及对大学生一定的理论知识与能力素质的培养，教师应当灵活地将课程中的教学内容与职业理想要求相结合，才能提高教学针对性，促使学生明确目标，在学习中逐步向职业理想逼近。

（二）增强家庭在大学生职业理想教育中的辅助作用

家庭是大学生最为熟悉的场所，也是大学生最为依赖的环境。大学生尚未踏入社会，主要担任学生角色，诸多社会生活压力已习惯了由父母承担。新一代大学生多为独生子女，这种备受父母保护的现象更为突出。但是，大学生始终必须走向社会从事工作，家庭同样应当重视大学生的职业理想教育，尊重子女在择业上的自主性，保证子女在就业上的独立性，而不应当干涉子女的择业就业问题，左右其职业理想的确立与实现。

1. 加强亲子沟通，尊重子女在择业上的自主性

职业理想本应是个人根据自身的主观需要及客观现实而确立的一种思想意识，但是，不少大学生职业理想的确立受到了家庭因素的影响，其职业的选择偏离自身职业理想。通常表现为父母在子女择业问题上忽略子女的自主性，按照自己的主观意愿与片面判断，要求子女顺从。这样的做法抑制了大学生的主观愿望，强迫其从事自身并无意愿的工作，使其自身职业理想无法实现，甚至改变其今后的生涯规划。因此，父母应当加强与子女之间的亲子沟通，尊重子女在择业上的自主性。

第一，在专业及职业的选择上，父母应当充当指导者而非决定者。与大学生的职业生涯相关的，有两个重要的选择，一是高考填报志愿，二是大学毕业职业选择。高考填报志愿阶段，由于子女的年龄较小、相关阅历尚浅，因而需要有一定阅历与见识的长辈进行指导。但是，由于高中毕业生也具备一定的思维判断能力，此阶段也是个人职业理想形成的分化后期，学生职业理想通常虽带有一定的理想化成分，但很大程度上基于个体的志趣与爱好。因此，父母应当尊重其选择的自主性，否则将容易挫伤其子女进入大学的学习积极性。在子女大学毕业求职阶段，父母更应该把主动权交给他们。大学毕业生已是具有一定的思维及理性判断能力的成年人，而且，在知识的丰富与实践的锻炼过程中，大学生所形成的职业理想也逐步趋向成熟。因此，父母应当尊重子女的选择，相信他们能够有理性的判断及选择能力，也能为其自身的行为负责。

第二，在大学生的择业观念上，父母不应对其产生负面影响。不少大学生其实心里一直都有一个职业理想，但是，在真正面对求职就业时，往往会受到父母观念的影响而发生动摇，放弃自己的职业理想，听从父母的意愿就业。父母一代思想较为传统，往往认为子女选择的职业应当是稳定的、社会声望好的、工薪待遇高、工作轻松的，这样的观念影响着子女，无疑会打击其追求自身职业理想的积极性。父母应当加强与子女的沟通，了解其职业理想，尊重其价值追求与选择判断，而不应当将自身的职业观

念强加于子女，这样容易导致其子女有才无所施、挫伤其今后的工作热情，甚至父母错误的观念也会对子女今后的世界观、人生观、价值观产生负面的影响。

2. 摒弃错误观念，保证子女在就业上的独立性

当前的就业竞争较为激烈，不少毕业生在严峻的就业形势面前身心疲惫。此外，在部分受到热捧的工作岗位的招聘过程中，“关系户”现象仍然存在，这就加大了多数没有强硬家庭背景的毕业生的就业压力，甚至激怒其情绪。“关系户”现象的存在一方面是用人单位的招聘机制存在问题，但还有一个不容忽视的问题，就是父母在子女的就业问题上没有保证其独立性，而是采用“包办”的方式解决子女的就业问题。这样的方式将违背大学生职业理想的形成、发展及实现规律，对大学生今后的发展带来不利影响。因此，在大学生的职业理想教育中，父母应当摒弃错误的观念，保证子女在就业上的独立性，使得他们能独立地、公平地与其他同学一样逐步追求自己的职业理想，并在追求的过程中得到进步。

第一，鼓励子女自主就业，减少其依赖心理。父母在子女的就业问题上，应当鼓励子女自主就业，不应向子女传递任何有关可以通过人脉关系助其顺利就业的信息。否则，一方面会加大大学生的依赖心理，在就业上没有任何后顾之忧，因而在学业上不用心，学无所成；另一方面会阻碍大学生职业理想的形成，使其在职业追求上失去方向和目标，而是把父母可以帮其操办的一切作为自己以后的职业方向。所以，在大学生的职业理想教育中，父母应当是起到辅助作用，激励子女形成自己的职业理想，并在大学期间努力学习实现职业理想所需的知识与能力。只有独立性强、通过自身努力追求职业理想的大学生，今后才能在其职业有所成就，取得一番事业。

第二，支持子女自主创业，激发其潜能的发挥。不少年轻人在创业问题上存在敢想而不敢为的情况，很大原因在于缺乏冒险精神与一定的抗压能力。对于职业理想较为远大的人，如果在创业问题上怯于行动，那将不利于今后职业生涯的发展。父母作为大学生最为亲近的关系，在条件允许

的情况下，应当支持子女自主创业。大学生创业是一个较为艰辛的过程，对创业者的知识积累、身体素质、综合能力及心理素质都有着较高要求，因而，创业的过程也是历练一个人综合素质、激发其潜能发挥的过程。父母的支持与鼓励可以免去大学生的家庭压力与心理负担，这对于他们独立性的发挥有着重要作用。

（三）强化个人在职业理想教育中的主体作用

前面已述，自我教育法是大学生职业理想教育的重要方法之一。职业理想是个人的一种思想意识，个人的思想行为是其中的内因，起到决定作用。因此，开展大学生职业理想教育，大学生个人是其中的主体，应当发挥主体作用。大学生个人进行职业理想教育可以有以下具体对策：

1. 提高自身与职业认知，明确职业理想

大学生明确自身的职业理想，需要对自身及职业有充分的认识。只有了解自己的客观现实及主观需要，才能在职业上有一定的方向。只有对相关职业有具体的认识，才能明确自身与该职业是否适合。因此，在职业理想教育中，大学生应发挥其主动性和积极性，提高自我认知与职业认知。

第一，在实践与总结中提高自我认知。大学生职业理想的明确必须建立在对自我有明确认识的基础上。“一个人对职业的选择很多必须建立在他从事某种工作的‘内心倾向’的基础上。”[1] 因此，大学生应当积极参与各种实践活动，在实践锻炼与总结中逐步了解自己的职业兴趣、职业气质、职业品格、职业能力等。实践是认识的来源，大学生可多渠道拓展自己实践参与的机会。包括学生干部工作、学校各类比赛、志愿者服务活动、学校勤工助学岗位、校外兼职活动等。大学生只有在实际的活动锻炼中才能更为全面地认识自己，发现自己的优势、劣势及内心倾向，从而扬长避短，逐步形成相对明确的职业理想。

第二，把握机会提高职业认知。大学生对具体职业的认知包括两个方

---

[1] 古月群，漆小萍，叶深南，等. 适应于超越［M］. 广州：中山大学出版社，2003：181.

面：一是职业群的认知，二是对相关职业素养的认知。大学生学习及生活的场所主要在学校，学校对学生的教育主要集中在相关专业知识的教授及技能的培养。对于社会各行各业的相关情况，很大程度上需要大学生的主动了解。对于大学生个人来说，应当充分把握各种机会提高自己的职业认知，只有在对具体职业的工作性质、人才要求、发展前景等方面有充分的了解，才能进行合理地判断，决定自己是否适合该职业，也才能明确自己的职业理想。大学生可通过向已毕业的师兄师姐了解职业相关信息，也可以在低年级阶段未雨绸缪，积极参加招聘单位的招聘宣讲会，了解行业信息。此外，争取实习机会，到实际工作单位进行实习，通过自己的所见所闻及亲身经历，更能增加自身对职业的认知。

2. 提升就业能力，追求职业理想

就业能力是决定大学生职业理想能否实现的关键。大学生在校期间接受专业及能力的教育，这是提高大学生就业能力的一种外在力量的作用。然而，就业能力的提升始终需要大学生的自觉与主动参与才能起到实质性的效果。大学生提升自我就业能力主要包括两个方面：一是专业能力的提升；二是综合能力的提升。

第一，加强专业认知与学习，提升专业能力。专业能力是大学生的关键就业能力，大学生应当重视专业认知与学习。在不同的专业群体中，有的专业与大学生职业理想相对口，有的则不然。因此，在新生入学教育中，大学生应积极了解专业情况，如专业与自身职业理想相背离，则应当考虑实际情况，及时转专业以便顺利进行合适专业的学习。而对于专业与职业理想相一致或者对专业有一定认同感的同学来说，应当在有较为具体的专业认知的基础上，了解专业学习方法、专业相对应的职业群及其知识技能要求，等等。从而在大学期间，有针对性地学习专业知识与技能，提升自己的专业能力，实现自身专业能力与职业理想要求的相匹配。大学生具体可通过制订专业学习方法及计划、合理管理学习时间，参与专业技能大赛、增强专业技能水平，自主举办专业学习经验交流会等方式，加强自身的专业认知与学习，提高学习效率。

第二，重视人文素质培养，提高综合能力。大学生职业理想能否实现，除了专业能力这一关键因素外，综合能力也是一个非常重要的方面。因此，大学生应当重视自身人文素质的培养，有意识地增强自己的综合能力，以确保自身在激烈的就业竞争中能有一定的优势。人文素质的培养可从如下方面实现：其一，加强语言表达能力锻炼。在参与演讲比赛、辩论赛等活动中提高自己的口头表达能力，在参与征文比赛或个人定期写作中提高自己的书面表达能力。其二，提高自己的人际沟通能力。在班集体、寝室、学生社团、学习小组等群体中积极与同学交流、合作，提高自己的人际沟通能力。其三，提高自己的组织管理能力。在班级、学生会、团委、学生社团等学生干部的平台上，积极锻炼，提高组织管理能力。其四，学习一项文艺特长。利用课余时间，努力学习一项文艺特长，提高自己的综合素质。只有重视人文素质的培养，提高自身的综合能力，才能使自身的现实能力与职业理想的能力要求的差距逐步缩小，最终实现职业理想。

第四节 大学生职业规划体系建构

职业规划（career planning），就是指立足于自我的职业判断，结合时代特点对决定个人职业生涯的个人因素、组织因素和社会因素等进行分析。1908 年美国波士顿大学帕森斯教授在《选择职业》一书中提出了职业规划理论，我国在 20 世纪 80 年代就有一些学者开始引进与介绍关于职业规划教育的知识和理论，但在现如今的高校大学生职业规划体系仍有许多问题与困难急需克服与解决。

一、大学生职业规划的现实意义

随着高校创新创业教育工作的不断推进，如何推动实现大学生高质量的就业和科学引导大学生自主创业已成为政府和社会各界普遍关注的课题。高校承担着培养高素质人才的艰巨任务，而大学生职业规划体系恰恰是高校人才培养的重要一环。

（一）职业规划是大学生生涯规划的一环

现实社会环境要求当代大学生有自己的职业规划以及自我的职业判断。而大学生职业规划又包含自我评价、就业环境分析、就业目标确定等。高校通过科学规范的课程教学、团队辅导等不同方式培养大学生的职业规划能力，让大学生通过自我能力评估和环境分析，正确认识自身的潜在能力，在老师、团队及学校的帮助下，合理安排大学生生活，结合自身实际情况对职业规划进行转变与调整。在清晰的职业规划安排下，合理定位自身发展，发挥自身优势能力，不断进行自我提升与完善，使之成为有用人才。

（二）职业规划具有人生导航作用

在当今竞争日益激烈的社会大环境下，当代大学生要想适应并成功脱颖而出，必须要做好自我的职业规划，职业规划本身就不是固化、不变的硬性概念，它是动态的、变化的、发展的，重视职业规划能力的培养，其核心是帮助大学生在学习和实践中了解自己，明确未来人生方向，努力奋斗，实现梦想。

（三）职业规划有助实现人职匹配

谈及大学生职业规划，其核心落脚点必然是学生就业。通过对学生最初、最终就业的情况统计、学生就业效果、职业满意度、公司满意度都是就业考核的关键指标。而通过职业规划，能让学生对自身、对工作情况都有一个充分的了解与掌握，以此找到适合大学生自身发展的长期职业。除此之外，在竞争日益激烈的人才市场，职业规划让学生更早、更全面的了解工作、了解职业，形成信息了解的对称性，能够帮助市场、招聘方及学生提供及时有效的信息，提供方方面面的人才供需需要，让人才市场得到更合理的配置。

（四）职业规划有助提升大学生的综合素质

职业规划既要注重发展学生完善的个性，培养创新精神，又要注重把个性发展与社会需求有机结合。职业规划有助于大学生定下合理的目标，冷静思考，全方位评价自身，定位自身社会能力匹配角色，然后努力朝着那个目标前进，直至达到既定目标后再设新的目标，从而渐行渐高，实现自身综合素质和职业品质的提高。加强职业规划教育有利于大学生个性发展，有利于知己知彼，认清就业形势，转变就业观念，同时可以引发学生对职业与未来的思考，有利于实现“人职匹配”，提高就业满意度，达到人尽其才，服务社会，造福社会的根本目的。

二、开展职业规划的基本步骤

（一）自我评估

对于大学生来说，自我评估是职业规划指导的基础，首先要了解个人特点、兴趣、技能等与职业所需的所有因素，借助自我剖析、职业测试及角色评定等方法获得评估结果及建议，并将其合理运用于职业规划。学生只有通过自我评估充分了解自身的优势与劣势，才能准确定位，进而扬长避短。由于个体对于自身能力、兴趣等方面的认识往往伴随着强烈的主观色彩，容易导致自我认知上出现较大误差，因此专业教师在职业规划体系中指导学生进行自我评估时，除采用自我观察和内省等主观控制方法外，还可以借助一系列的职业测试辅以计算机对测验结果进行结果分析，得出更加全面综合的结果。

（二）认知社会

基于准确的自我认知前提下，第二步就需要学生能够认识环境、了解环境、认知社会发展趋势，只有这样才能有的放矢，匹配及确定出最适合自身的职业目标。随着近年来我国经济飞速发展，科技、市场、需求日新月异，对人才的要求也越来越高，使得当代大学生竞争日益加剧，总体来说，外部环境主要表现在多元的职业选择、波动的市场及多变的用人单位需求等，而这些外部因素对个人的职业发展也产生了巨大的影响。因此，在制定个人的职业规划时，大学生不仅要对自己有一个清晰的认知与判断，同时还要分析外部环境特点、环境的发展变化情况、自己在这个环境的定位、自己与环境的关系、环境对自己提出的要求以及环境对自己的有利条件和不利条件等。

（三）目标确立

规划好职业目标是职业选择、职业塑造、人生方向的重要一环，也是职业规划指导的核心内容。在自我评估与认识、社会认知的基础上，选择自己的职业方向与道路，按照个人所喜欢的、个人所擅长、环境所需要的、对自我有利的筛选原则，遵循“人职匹配”等需要，选择最适合自己的职业，确立未来职业发展目标。

（四）策略实施

光有目标是不够的，目标需要依靠付诸实际行动才能实现，而实际行动又依托于践行策略的有效实施，因此我们将职业规划目标分解为长期目标和短期目标，每一阶段目标可以这样依次划分，有机衔接。对于在校大学生，实施的具体阶段就是大学时期，实现自己大学阶段的目标，为自我的职业目标及日后立足社会做好充足的准备。长期目标会根据自身主观情感、学习实际情况及社会发展而发生不断的变化，因为这一系列的不确定因素，大学生只有通过不断地设定新的切合实际的短期目标，才能最终实现长期目标。

（五）反馈修正

伴随着知识经济时代的来临以及信息技术的不断更迭，职业周期缩短，职业寿命骤降，人才需求提高，市场需求变化加快，都对当代大学生提出了更高的水平需求，同时学生自身能力的提高，见识面的扩大，策略实施过程中对职业目标的更深认识，都让学生职业规划处于一个不断变化的动态调整中。为了让职业规划更加的合理有效，就需要学生们根据各方面的实际情况不断对自身职业规划进行自我评估、认知社会、目标确认、策略实施、反馈修正，周而复始，不断完善。

三、大学生职业规划能力培养存在的问题

目前，高校大学生的规划职业规划的系统的内容不健全，创新力不足，没有真正将职业规划系统建设好，主要缺陷如下所述：

（一）学生认识不足

当前大学生在职业规划意识上具有普遍性的缺失，在职业生涯的规划过程中，因为对社会的发展状况认识不足、对自身能力缺乏有效认知，所以当代大学生对于日后自身成长、发展都缺乏明确的规划。

（二）职业规划的普及力度低

职业规划能力培养内容单一是很多大学生职业规划的特点，而工作成为很多大学校园开展职业规划的重点。如今的大学生职业生涯规划体系中过分重视大学生就业率，而忽视了学生的创新、创业能力，没有发展多样化的职业生涯计划形式，更没有给予学子们更多的职业生涯计划方向的引导和帮助。因此，纵然现今的高校职业规划教育极受欢迎，关注度也很高，但因为本身起步晚，没有足够的资源和扶持等种种困难，导致了高校职业规划教育没有相应的配套设施与企业联络，最终形成了职业规划普及力度低的现象。

（三）实践尚未到位

理论结合实践才应该是学生职业规划体系建设最主要的内容。但在现今学生职业规划过程中，仅仅只停留理论导向，将职业计划的理论教程、进行班级班会加上招聘会的形式来促使学生进行与完善自身的职业规划，将一些与工作相关的消息、职业规划理论知识、老师毕业指导等内容来对学生进行片面性的职业规划指导。这在很大程度上让校园的职业规划体系流于形式，让创新、实践等重要因素在学生们的职业规划体系中流于表面，严重影响了当代大学生职业规划体系的结果和效率。

（四）时间安排不够合理

在整个教学工作中，教师由于自身的能力与水平所限，在实际教学过程中，无论是在内容上还是方法上都比较单一。将规划导入授课内容之中的，也基本上局限于那些就业政策、形势层面的内容，而且对于这些内容的学习也主要以教师的讲解为主。在这一过程中，根本看不到各地对人才的招聘等方面的信息，也体现不出应用的指导作用。而进行授课所采取的又基本上都是以往那种专题讨论、小组讨论和理论学习等。这样不但没有使学生的积极性得到调动，更没有体现出应有的教学效果。缺少相关的实践活动，没有让在校学生缺乏全面的认识。在规划教学的大纲上没有体现出科学性，相关的教学研究也不扎实、不到位，无论在授课的时间安排、教案编写与教材的选用等方面都不理想。大学生职业规划要作为一项系统工程来进行完善，高校方面缺少系统化体系的建设，因此学生职业规划观念意识淡薄，在社会就业求职不会有明确的方向。

（五）队伍配备不完善

大学生职业生涯计划体系的建设与创新不是一蹴而就的，这是一项复杂且巨大的工程，需要高校职业规划体系的老师们共同努力，如经济学、法学、思想政治教育以及人力资源等。而目前很多高校的职业规划体系工作多是由辅导员、高校就业办指导人员以及团支部共同承担，由于专业教师极少，兼任教师一般没有进行专业化、系统化的培训，缺乏相应的职业规划教育的资质。而为了响应国家号召，时代趋势要求，学校会进行临时性的职业规划上岗培训，但整个大学生职业规划体系在工作上缺乏标准性、在工作能力上缺乏专业性，是非常不利于大学生自身的职业能力规划。

四、大学生职业规划解决方案

（一）系统的自我能力评价

自我能力评价就是大学生要全面准确地评估个人的兴趣、个性、能力、身体状况、学识水平、价值观，它是大学生进行职业规划的基础。通过系统的自我能力评价，大学生可以正确认识自身的潜在能力，客观分析自身优缺点，合理定位自身未来发展，在日后的学习、生活中不断进行自我提升与完善。

（二）进行理念传授及普及

现今高校对在校大学生进行职业规划的最终目的，就是为了让学生能够在有充分认知的前提下，按照自身意愿找到自己心仪的就业岗位。因此我们需要通过全方位的、立体化的方式，让大学生的职业规划得到充分恰当的指导引领。但现如今高校在大学生规划体系上的建设还处于初期阶段，各方面的情况都需要更加落实。甚至有部分高校在职业规划的课程方面采用学分制，在实际功效上已经不是职业规划所要表达的含义。将其作为一门选修课，本身就是对职业规划上的不重视和学校理念上的不重视，就会传达到学生的认知理念中去。同时高校又将精力着重放在了毕业生就业板块，把毕业生就业当作一个问题去解决，而不考虑从根本性上去提高就业质量及实际就业的满意度。而缺乏高校对在校大学生进行合理有效的职业规划教育与培训，缺乏引导他们做出符合自身的职业规划这些必要的求职前置过程，必然导致了毕业生会在求职中经受各种各样的问题，挫伤学生自信心，严重者可能会导致心理乃至社会问题。

（三）构建大学生社会实践机制

让大学生做出的职业规划更加合理规范，除了加强在学校的专业理论知识学习以外，更需要相关的社会实践来加深学生对于自我评估、社会认知、职业规划的总体认知与理解。因此高校构建大学生社会实践机制就显得刻不容缓。将学生的实践环节纳入具体的教学规划，不断促进校园实习基地、人才储备班、产业学院的建设，形成系统体系的社会实践，让学生能够更加便捷的与社会各界进行接触，获得更加便利的实践，通过理论与实践的结合，让学生深入社会实践锻炼平台中，提高自身的能力水平，了解自身的优势和不足，将经验融入自身职业规划中，变得更加完善。

（四）合理安排具体的时间

高校教育在学生职业规划教育过程中所扮演的是学生的教育者和领航者，因此我们需要做好学生职业规划教育过程的课程、教育、讲座及实践的相关管理服务，将更多的服务与关怀奉献给在校的大学生，为他们将来在社会上获得称心如意的就业岗位做出应有的努力。作为高校的管理者，对学生的职业生涯必须给予密切的关注，促进学生综合技能的不断提升，使学生在专业上、心理上与思想上都逐渐成熟起来。通过培养使学生在心理承受能力、理想目标及为他人造福方面都相应地提升新的境界。提高相关队伍素质水平和文化程度教育，建立一支高素质的服务团队。作为与大学生直接接触的学校各级管理者，必须对学生的职业生涯给予极大的关注，对学生的职业规划进行正确引领，使学生在就业之前打下良好的心理基础。

（五）强化大学生职业规划的队伍建设

高校大学生职业规划师资队伍的建设急需强化，只有引进专业的人才与教师，促进教学路径、方法、内容的不断创新，让现行的职业规划教育得到不断的完善，这样才能让高校职业规划教育拥有不断前进的可能。但队伍的建设不是一朝一夕就能解决的，这是一项长期的、持久的、艰巨的工作任务。专业的人才与教师需要的是配套的设施建设，充足的软件和硬件设施，相应合理的薪酬体系，公平的竞争、上升体系。在这样的外部环境促进下，让专业教师与兼任教师经常参与各种类型的培训，使得自身的业务水平、业务能力、自身视野都获得不断提升，这样必然能够促使当代大学生职业规划教学工作的不断创新升华，而构建完善的大学生社会实践机制又能反过来促进队伍建设，两者互相促进，让高校职业规划体系得以不断完善与进步。

五、大学生职业规划新体系建构

结合当今大学生职业规划所遇到的问题，需要建构以提高大学生的职业规划能力的新体系。

（一）高校加强职业规划教育的系统性

大学生的就业不仅是获得就业机会，当他们处于就业的不同阶段时，大学生们需要平衡学业压力、个人喜好、职业选择多样化、陌生的就业环境和工作内容等因素。考虑到以上因素，高校加强职业规划教育的系统性变得非常必要，可以从以下三个方面展开说明：

1. 加强校企合作和交流学习，提高学生的就业实践能力

大学生在大学学习期间，理论知识的学习占据很多时间，较少有工作实践机会及积累丰富的工作经验，但在实际就业时，除去基本学历的影响，个人实践能力的强弱将会直接影响到就业成功与否，无论是专业性较强的理工科专业，还是如今的文科专业，实习实践用以将所学运用到工作生活中，将学习与实践密切联系起来都显得尤为的重要。因此，高校加强校园实习基地、人才储备班、产业学院的建设，结合本校、本学院的专业特色，与专业相关的大中小企业建立长期合作关系，将学生的实习实践作为职业指导课中最重要的环节之一。高校可以与企业合作协商，将职业指导课的实践教学直接放到企业的实践实习中，采用“3+1”或者“2+2”的学习模式，让学校教师直接进入企业进行交流教学，与企业员工进行共同教学，增强职业指导课的实践性和应用性。加强校企合作和交流学习，让大学生零距离地接触工作，提升职业技能，对大学生合理地进行职业规划起到促进作用。

2. 建立大学生就业信息库

大学生在拥有足够的自我认知、社会认知、实践经验，并进行了自身的职业规划后，如何快速的实现“人职比配”成为了急需解决的问题。结合学校专业特色，将学校就业及创业指导机构、各大人才市场、就业平台、网络招聘平台、教育实习机构等就业途径相结合，为大学生收集各类就业信息，建立大学生就业信息库，同时建立学校与学生的长效沟通交流平台，善用QQ、微信、微博、易班等各大主流平台，向学生发送各种就业情况、就业政策及就业信息等，并邀请不同工作领域、地区、行业的优

秀人士、往届毕业生，来校进行职业讲座、经验交流等，让大学生对就业发展、就业环境等及时充分的了解，更加有效地进行职业的选择。

3. 建立大学生心理辅导机构

大学生在进行职业规划时一定要学会调整心态，以乐观自信的心态面对未来的职业之路。在面对社会进行人生第一次职业规划时，大学生不可避免地会有选择职业时的迷茫，以及来自应聘单位对毕业生各方面考核考试的压力，甚至还有择业失败的挫败感等。高校一般都建有专门的大学生心理辅导机构，通过团体辅导、个别辅导、心理咨询等方式，为面临就业压力的大学生提供专业的辅导和咨询，帮助大学生们解决职业规划中遇到的心理困惑及问题，保障大学生职业规划的顺利进行，丰富职业指导的方式，提高大学生的职业规划能力。

（二）提高职业规划教师的专业能力

1. 四级职业规划导师制建设

高校实际的职业规划教育中，紧缺的教师资源、多元的就业选择、多变的就业市场都对现有的职业规划体系提出了严峻的挑战，而如何利用现有短缺的资源来做好高校职业规划教育，就是我们急需解决的课题。通过学习、借鉴其他高校的优秀成果，以及新时代大学生的群体特点，根据各年级阶段的特点，构建课程辅导体系学生活动辅导体系、个性化辅导体系、职业训练辅导体系；在专业化职业规划教育师资队伍建设体系中，应建立一级职业指导师、二级职业指导师、三级职业指导师、四级职业指导师，分层次发展。

一级职业指导师聘请企业的人力资源专家、高级职业指导师担任；二级职业指导师由就业服务中心老师担任，主要是负责课程、体系建设、学工人员、就业专员和辅导员的培训；三级职业指导师由学工人员、就业专员和辅导员担任，主要通过日常教育、活动开展职业生涯辅导；四级职业指导师由学生干部组建朋辈教育社团。在职业生涯规划服务机构体系建设中，应由就业服务中心牵头，明确教务处、团委、分院、学生处的职责分工，同时，建立学生职业生涯社团，充分发挥各个部门工作的联动机制，共同促进就业质量提升。

2. 职业规划指导教师要明确教学目标、改进教学手段

职业规划指导教师要明确教学目标。职业指导课程的主要教学目标是提高大学生的职业规划能力。除了使用传统的教学手段外，大学生职业指导课程也要广泛采用网络教学手段。职业规划指导教师要善用QQ、微信、微博、抖音、易班等各大主流平台，创新沟通交流学习的方式，迎合现今“95”后、“00”后的习惯特点，让职业规划教育起到事半功倍的效果。

3. 职业规划指导教师要提高教学技能和学习能力

职业规划教师是高校进行大学生职业指导的主要实施者，我们在缺乏师资这样的弊端下，若想更好地解决高校职业规划上的困境，更需要让专任教师及兼任教师熟练掌握职业规划指导的教学内容，并在此基础上不断地提升教学辅助技能，如PPT制作水平、课堂氛围掌控、课程管理技巧、语言表达能力等。同时职业规划指导教师要对指导学生的性格、爱好、家庭等基本情况有清晰的了解，掌握基本的心理辅导技巧，逐渐做到对每位学生因材施教。

4. 职业指导教师要加强团队合作意识

大学生职业规划课程是否能对大学生真正地在职业规划方面起到教育指导作用，在于是否有一支善于团队合作的职业指导教师队伍。大学生的职业规划能力的培养，不是高校的就业办或者辅导员、专任教师一人或者一个部门的职责，这需要的是高校各个部门的群策群力，共同发力，充分发挥团体合作的魅力，才能为学生们提供更多更好的职业规划教育、职业规划指导，才能真正地推动大学生职业规划能力的形成。

（三）大学生要强化职业规划意识，提高学习能力和实践能力

大学生职业规划能力的培养和提高，不仅需要学校与各方合作、校园各部门的通力合作、教师能力的提高，最关键的还是大学生自我职业规划意识的强化，提高自身的学习能力和实践能力。只有从大学生刚入学就开始进行职业规划教育，让他们自身具有清晰的意愿去进行自我职业规划，大学生才能发挥主观能动性，积极地投入学校组织的各项教育、实践辅导

中，才能让后续校园的实习基地、人才储备班、产业学院、心理辅导、就业指导等起到期待的效果。因此，只有不断强化大学生自我职业规划意识，才能让学生真正地去提高自我学习能力和实践能力，逐步地发现问题、解决问题，这是建构高校职业规划新体系的关键一环。

我国高校的职业规划指导工作仍处于不断探索的初级阶段，我们高校若想为社会培育出学习能力出众、专业技能过硬、实践能力较强，并且能够在激烈的竞争环境下不断进步的优秀大学毕业生，就应该给予职业规划教育更多的重视与支持，建构好合理、有效的大学生职业规划新体系，用系统规范的体系让学生能够充分的自我评估、认知社会与环境、匹配及确定出最适合自身的职业目标，进而在科学、合理的教育安排下，不仅学习了理论知识，还展开了各种实践活动，通过不断完成切合实际的短期目标达成长期目标，真正培育出适应当前社会的高素质人才。因此，大学生职业规划新体系建构刻不容缓。习近平总书记提出，加快构建现代职业教育体系，培养更多高素质技术技能人才、能工巧匠、大国工匠。为此，高校应做好人才培养定位，面向社会需求，为大学生的专业技能培养与人文精神塑造做出努力。

第六章 媒介素养教育

第一节 自媒体时代的德育挑战

2016年4月19日，习近平总书记在全国网络安全和信息化工作座谈会上提出：网络空间是亿万民众共同的精神家园。网络空间天朗气清、生态良好，符合人民利益。网络空间乌烟瘴气、生态恶化，则有损人民利益。我们要本着对社会负责、对人民负责的态度，依法加强网络空间治理，加强网络内容建设，做强网上正面宣传，培育积极健康、向上向善的网络文化，用社会主义核心价值观和人类优秀文明成果滋养人心、滋养社会，做到正能量充沛、主旋律高昂，为广大网民特别是青少年营造一个风清气正的网络空间。2021年11月19日，首届中国网络文明大会举办，习近平总书记向大会致信提出：网络文明是新形势下社会文明的重要内容，是建设网络强国的重要领域。

随着网络技术和数字技术的快速发展，微博、腾讯QQ、微信、知乎、抖音、小红书、“哔哩哔哩”等自媒体社交软件应运而生，这些软件的兴盛，标志着我们进入了自媒体时代。自媒体又称“公民媒体”或“个人媒体”，意指私人化、平民化、普泛化、自主化的传播者，向不特定的大多数或单个人传递规范性及非规范性信息的新媒体的总称，以微博、微信为主要载体。[1] 在此背景下，高校德育模式被改变，从以前的教师主导说教形变成开放、自主的德育形式，教师的主导地位被削弱。自媒体对高校德育而言又是一把“双刃剑”，在为高校德育带来便利的同时，也给高校大学生的思想行为、身心健康及人生观价值观的形成带来前所未有的冲击，给高校德育工作带来难度。因此，深入剖析自媒体环境为高校德育带来的挑战，构建高校德育新环境显得尤为必要。当前，自媒体环境下给高校德育工作带来的挑战主要涉及：网络道德失范、网络谣言、网络舆论事件、校园网络贷款、网络诈骗等。

一、自媒体时代大学生网络道德失范

与传统媒体不同，自媒体拥有开放性和及时性的特点，突破了时空的限制，使得人们可以随时收集整理信息。因此，自媒体使得信息传播范围更广，信息生态也进而改变。此外，自媒体海量传播、即时传播、平等传播、双向传播等特点对整个社会的道德观念和行为方式都产生了复杂而深刻的影响。作为互联网的原住民，“95”后、“00”后的大学生们具备较高的知识水平，思维活跃，好奇心重，乐于尝试新鲜事物，与此同时自媒体也赋予了他们彰显自我的空间，吸引着大学生群体踊跃参与其中。但是，由于大学生心理生理还处在成长阶段，大量“碎片化”且未经过筛选的信息进入他们的视野中，容易让他们忽略自身所承担的道德和法律责任，削弱道德意识与道德责任感，产生网络道德失范行为。当下，自媒体时代大学生网络道德失范表现集中在以下四个方面：

（一）网络暴力

网络暴力通常是指网民在网络上对网络事件的当事人发表攻击性、侮

---

[1] 戚玉兰，魏荣，张丽蓉．自媒体时代高校思想政治教育的挑战与应对策略[J]．南昌航空大学学报（社会科学版），2017，19（2）：114-118.

辱性的言论，甚至“人肉”当事人的私人信息，对当事人的精神和生活造成巨大影响的行为。在鱼龙混杂、真假难辨的信息中，部分大学生缺乏理性的思考，价值取向处于迷茫的状态，通过自媒体发表无视网络道德意识和网络道德责任感的言论，无意识中变成了网络中的“施暴者”。目前为止，我国已经出台了《互联网电子公告服务管理规定》《互联网信息管理办法》以及《文明上网自律公约》等相应法规，但法律还没有跟上网络发展的步伐，网络中一些处于法律边缘的事情没法明确界定。与网络暴力的“实施者”相反，一些大学生正承受着网络暴力带来的种种伤害，自媒体对网络暴力起了推波助澜的作用，严重影响了他们的身心健康。为营造一个风清气正的网络环境，首先大学生要文明上网，不做网络暴力的“施暴者”，不能为了寻求自我发泄而肆意在自媒体发表言论。其次，高校大学生在自媒体中如发现被恐吓、被谩骂，应停止浏览评论，关闭网页。最后，高校大学生在自媒体平台要学会保护好自己的个人隐私，注意权限限制，不要随意透露个人信息。

（二）网络信息污染行为

信息污染是指媒介信息中混入了有害性、欺骗性、误导性信息元素，或者媒介信息中含有的有毒、有害的信息元素超过传播标准或道德底线，对传播生态、信息资源以及人类身心健康造成破坏、损害或其他不良影响。多种因素可能会产生网络信息污染：首先是人为原因。在利益的驱使下，有些人刻意制造虚假、淫秽等非法信息，造成了信息污染。其次是技术原因。有些信息从业人员业务能力差，缺乏信息科学的基础理论修养，知识结构不合理，对信息的甄别能力较差，不知不觉地造成了信息的错误。最后信息本身的固有特性也会造成网络信息污染行为。信息污染作为网络道德失范行为，各种良莠不齐、相互交织的信息严重影响了高校大学生的身心健康成长。伴随着网络的诞生，信息污染便与之俱生，且越发严重不容忽视。

（三）侵犯知识产权

知识产权，也称其为“知识所属权”，指“权利人对其智力劳动所创作的成果和经营活动中的标记、信誉所依法享有的专有权利”，一般只在有限时间内有效。高校里的大学生处在学术科研的前端，很多大学生都是知识产权的创造者。但现实中，有一些大学生的知识产权意识比较薄弱，可能在无意识间成为侵犯知识产权的行为主体，影响和谐校园建设。例如大学生在自己的毕业论文中剽窃、抄袭甚至购买他人的成果，这是严重的侵犯知识产权的行为。从长远来说，对于高校人才培养的质量都会带来一定的威胁。截至2018年3月21日，教育部发布了《2017年度普通高等学校本科专业备案和审批结果》，新增备案5所高校知识产权本科专业。目前已经有76所高校设置了知识产权本科专业，由此可见教育部对高校知识产权的重视。

（四）网络犯罪行为

网络犯罪是指以占有他人物质或精神财产为目的，运用计算机技术，借助于网络对其系统或信息进行攻击，破坏或利用网络进行其他犯罪的总称，这种行为要受到法律制裁。网络犯罪的出现，源于人们网络道德行为的失范，这种在极端的利己主义支配下的行为，一般具有极大的破坏性和极其恶劣影响，属于极端的网络道德失范。大学生是中国庞大网民群体中重要也较为特殊的一个群体。一方面是因为大学生接触互联网较多，具有较好的计算机、互联网技术基础。另一方面则是大学生正处于价值观形成的黄金时期，好奇心强、易受煽动、易冲动。他们其中不乏有很多电脑高手，少部分人在强烈的好奇心或者利益的驱使下，利用自己的技术进行网络攻击，入侵他人电脑、盗取他人资金或密码、制造网络病毒，利用网络安全漏洞非法获取机密信息等。2007年十大电脑病毒之首的“熊猫烧香”的制作者就包括在校大学生。

二、网络谣言肆虐成为高校德育工作的挑战

网络谣言是通过微博、微信公众号等网络途径以文字、音频、视频或图片形式制造或传播，涉及个人、社会或国家并且容易引起他人兴趣的没有事实根据的信息。自媒体时代网络谣言具有严重的社会危害性，其他治理方式具有一定的局限性，需要刑法介入进行规制。我国《刑法》中的诽

谤罪、损害商业信誉、商品声誉罪、寻衅滋事罪、编造故意传播虚假恐怖信息罪、编造故意传播虚假信息罪构成了规制网络谣言的基本体系。

（一）高校大学生成为网络谣言“推手”

随着自媒体技术的发展，自媒体用户拥有手机、电脑等传播工具，同时具编辑技术，网民都有机会成为信息的传播者，使得各种信息真假难辨、鱼龙混杂。自媒体信息有着多样性、交互性以及迅捷性的特点，因此伴随着随手一转、随意点赞、随心评论、随便推送的快捷方式，群体交互某些负面道德能量在短时间内可能呈几何级的迅速集聚并蔓延。大学生网民热衷于刷存在感，发布、传播、跟帖不良信息的行为司空见惯。自媒体的交互性带来信息传播便利性的同时，未经审核的不良信息考验着高校教师和学生的道德判断。有时网络写手、P 图客、抖音等可借助各种网络推手散布不良、不实信息，使得大学生在看到某句话、某个段子、某个截图、某个视频后，产生情感共鸣，思想波动，进而以非理性的方式迅速否决既往所认可的道德观念，并将这种非理性的道德认知传播给不特定的人员，从而产生负面道德能量的次递与集聚效应，而大学生自己无形中又成了网络推手。

（二）高校受到网络谣言的侵扰

高校学生在不知不觉中成了负能量的网络推手的同时，自身也易受到网络谣言的侵扰，严重影响了高校师生正常的教学和学习。一是网络谣言严重侵蚀高校德育内容和方法的合法性。当前，我国高校德育的主要内容是教育和引导大学生及高校教职工自觉学习和践行社会主义核心价值体系、践行社会主义核心价值观。因此，高校德育坚持以正面教育为主，宣传社会道德典型，传递社会正能量。网络谣言以人们广泛关注的教育、医疗、司法、住房等领域出现的问题为主要内容，夸大宣传社会阴暗面，使人们对高校德育宣传的道德典型、正面教育内容产生怀疑。二是扰乱了大学生的学习生活秩序。作为网民中坚力量的大学生群体有其自身的特点，即心智尚不成熟，三观尚未完整建立，政治立场还不坚定，容易受蛊惑，这些特点导致网络谣言很容易在大学生群体中被发布、被传播。大学生群体一旦深陷网络谣言的泥淖中必定会使自己的校园生活、甚至社会生活受到很大影响。三是冲击了主流意识形态在校园内的影响。处在大变革时代的中国，国际局势环境不容乐观，西方国家一直以来采取“和平演变”战略来输出西方价值观，逐渐削弱大学生自身的意识形态。与此同时，一些国内反动势力用网络谣言来破坏政府在学生心中的公信力，企图威胁中国的政治稳定。

（三）网络不是法外之地，让网络谣言止于“智者”

自媒体时代的发展背景下，信息的传播也变得更加的广泛，其中信息传播表现出了“三无状态”特点，更进一步来说，三无就是指资讯、时间以及空间无屏障。互联网的发展背景下，每个人都有可能成为信息的发出者，也能够成为信息的接收者。互联网改变了人们传统的思维习惯，使人们更敏感的同时，也增加了思考惰性，盲从性越来越强。谣言的传播过程中，人们往往聆听 1/2，理解 1/4，0 思考和做出 2 倍反应。这一现象使谣言的扩散更加迅速，流毒更广。网络谣言的治理不是易事，我国目前处于快速的社会转型期，内外环境复杂，社会矛盾繁多，谣言容易滋生。在政府主导下完善制度、多管齐下，细致管理是治理网络谣言的重要方法。高校教师和学生要爱真相，不爱流言；爱考证，不爱轻信；爱证据，不爱权威；爱科学，不爱迷信。网络不是法外之地，让网络谣言止于“智者”。随着社会治理水平、人民教育水平、生活水平的提高，谣言一定会逐步失去生存的土壤。

三、网络环境日趋复杂，高校舆论事件增加

高校网络舆论事件是指事件的主体、议题和主要利益诉求涉及高校及其人员的网络舆论事件。[1] 由于网络的虚拟性、隐藏性、匿名性，使得网

[1] 陈玉. 高校网络舆论事件的传播动力学特征——基于十年样本库的分析［J］. 中国青年研究，2015（3）：63-67.

络中信息来源难以追踪、信息真伪难以甄别，网络环境较之前的大众媒体更加复杂，网络舆论传播速度更快、影响范围更广，并且这些事件会引起民众对相关舆论事件中高校的名誉、决策表达出一定的信念、态度、意见和情绪，进而发展为危机事件和危机情势。海量的信息使得校园舆论事件增加，舆论难以监控，舆论导向在某些方面会出现一定程度的失控现象，舆论导向和管理难度大幅增加，借助自媒体迅速传播，对高校大学生的心理产生了直接、深刻的影响。

（一）高校网络舆论事件新特征

第一，高校网络舆论事件数量呈逐年上升趋势，每年都会发生多起与高校相关的网络舆论事件，事件议题包含高校的政策、行为人言论以及高校研究报告等；事件主体涉及高校的校长、教师以及学生等。第二，网络舆情议题日益广泛和社会化，每年发生的高校网络热点舆论事件都会引起网民关注，掀起社会热议浪潮。如2004年的“马加爵事件”、2010年“李启铭河北大学撞人案”、2011年“药家鑫案件”、2013年“复旦大学投毒案”和2018年“北交大实验室爆炸”等事件，都引发了社会的强烈关注和广泛讨论。高校已经无法作为一个独立的场域存在，开始从半独立的社会空间向多元关联的社会空间过渡。

（二）网络舆论事件容易演变成危机事件

网络舆论因其先入为主的特点，在没有引导的情况下，网络舆论事件容易演变成危机事件。由于学生的猎奇心理，在学校网站对事件的官方解释之前，高校学生会在网上无序地发布自己的观点或者转发别人的观点，使得网络舆情无法把控。因此，高校必须做好网络舆论事件的引导工作，建立一支精干的高校网络舆论引导队伍，这支队伍应包含宣传部、心理辅导中心、学生工作部门和保卫部等各个学校职能部门，各部门要分清职责又要紧密协作。舆论引导队伍的领导和老师要熟悉网络舆论的相关法律法规，掌握舆论引导工作的规律，这样才能在引导中做到有理有据。网络舆论事件发生时，引导队伍要时刻关注学生的心理变化，对学生的思想进行干预，对事件影响较深的学生进行心理辅导。

（三）建章立制，打造和谐校园网络环境

自媒体出现后，民众偏爱在这些平台上发表生活动态、评论社会热点问题以及与网络上的陌生人互动。虚拟的网络空间成了民众在忙碌的现实生活后的减压空间，网民可以在这里匿名表达意见，但正是这种没有边界的自由，使得部分网民忽略了网络制度，肆意地宣泄情绪和不满。然而，网络不是法外之地，网络上的言论必须是不触及道德准则和法律法规底线的。为打造和谐校园网络环境，高校应该建章立制，规范大学生在自媒体中的言行，加强大学生的网络法纪道德教育。只有外在规章形成的他律与学生内在的自律相结合，方能打造和谐校园网络环境。

四、高校不良网络贷款风险提高

所谓的网络借贷是一种基于互联网发展的借款方式，被借款人可以不用出门，通过在互联网借贷平台上完成一定的贷款申请步骤，就可以完成贷款的借贷模式。网络贷款相对在现实中贷款而言，门槛低、程序简单、放款速度快，大学生只要提供个人信息即可贷款，这使得大学生贷款门槛降低。

（一）大学生非理性消费引发网络借贷

随着我国经济的快速发展，大学生消费水平也日益提高，消费观念也与以前不同，偏向于攀比消费、超前消费和盲目消费。除去父母给予的生活费，大学生几乎没有其他收入来源，虽然一部分学生会勤工助学，但毕竟是少部分。一些大学生为了满足自己的消费欲望，开始向网络平台借贷。因此，众多网络借贷平台就将目标市场瞄向了大学生群体，为抢占高校目标市场，一些借贷平台故意诱导、虚假宣传、刻意隐瞒信息。高校大学生缺乏防范意识和一定的金融知识，容易低估网络借贷风险，导致错误的借贷决策。一旦被借贷人失去偿还能力，一些不良的网络贷款平台就可能泄露被借贷人的个人信息或者以其他手段相威胁，导致影响大学生的正

常学习生活。近年来，因高校大学生不良贷款引发的社会舆论事件屡见不鲜，有些造成了极其恶劣的社会影响。

（二）自媒体环境助长高校不良网络贷款风险

首先，在自媒体环境中，信息传播及分享的便利性，可能引致不正确的消费观，最终引发非理性消费行为。自媒体虽说扩大了信息的传播范围，加快了信息的传播速度，但实际上缩小了人们的交际圈，因为在自媒体环境下，人们无法处理海量的信息，往往是根据自己的偏好选择朋友圈，慢慢地整个朋友圈内的人们产生行为的趋同化。如果朋友圈里有攀比炫耀现象，那么根据分布式认知理论，人们就会在潜意识中认同并践行高消费行为。大学生可以说是朋友圈最狂热的实践者，不管是求新求异还是求同的消费观，都极易通过朋友圈得到满足。高校管理者应与多方合作，积极地利用自媒体引导大学生树立正确的消费观，并加强对大学生的理财训练，从而缓解其非理性消费的问题随着网络借贷的快速发展，自媒体更容易引发大学生的虚荣和攀比。

其次，自媒体将大学生的消费环境变得复杂。高校作为纯净的象牙塔，以前高校相对现在较为封闭，加上高校严格的管理和干净简单的周边环境，大学生潜心向学，将绝大部分的时间用在学术研究上。但自媒体的发展，让大学生通过一根网线、一台手提电脑、甚至是一部智能手机就能接触到外界社会。包括网络借贷平台在内的各种营销信息出现在大学生电子设备的屏幕上，这些营销广告特别为大学生设计，意志力薄弱的大学生容易受到这些信息的影响。各种网络借贷公司也瞄准高校市场，开始“跑马圈地”。

最后，自媒体增加了大学生理财的不确定性。现在多数大学生都拥有理财的理念，也认识到理财的重要性，但由于主要收入来自父母，其他收入来源有限，所以大学生的理财重点在于如何控制支出。但是“开源”难，“节流”更难，大学生群体中却普遍存在着消费无计划、消费结构不合理、消费品互相攀比、生活奢侈浪费等问题，特别是自媒体的发展，让这种风气更加增长。手机端移动支付的出现，让大学生消费变得更加方便，只要点一下手机屏幕或者看一眼手机屏幕，支付就完成了。与以前的实体货币相比，这种虚拟电子货币降低了大学生消费时的谨慎心态。所以，自媒体环境下，大学生支出控制变得非常困难，理财的不确定性也就大幅提高。

综上所述，自媒体环境中的大学生容易迷失方向，在消费上表现为突出的非理性特征，如果不能有效引导，就可能导致高校氛围的恶化。譬如当前很多大学生在校期间不思学习，相互比拼高档消费和奢侈品，钱不够就通过校园贷举借高利贷，甚至引发“裸条”和跳楼的恶性事件。如何解决这类问题，是所有高校学生管理者和教育研究者必须正视和重视的。此外，大学生自己一定要认识到网络不良借贷的风险，学习基本的金融知识，防范金融风险。大学生作为消费者要理性消费，养成艰苦朴素的品质，不攀比，不浪费。

五、校园网络诈骗事件多发

在自媒体时代，大学生与外部世界的交往离不开网络社交，而网络诈骗就属于网络社交行为中的一个特殊部分。它区别于普通网络社交行为，是以达到非法占有为目的，以虚构事实或隐瞒真相为手段，通过网络实施犯罪活动的一种非法行为。由于高校学生缺乏相应的社会阅历和事物鉴别能力，且频繁使用网络，使其成为不法分子实施网络诈骗的首选目标。分析其原因，主要有以下两个方面。

（一）主观原因

一是社会经验欠缺，个人保护意识不足。大学生大部分时间生活在校园环境中，中学和小学时也基本是家和学校两点一线生活，生活环境简单，从小生活在家人和老师的保护中，缺乏社会经验，个人保护意识不足。大部分同学对自己网上的个人信息都是不在乎的态度，认为网络上信息的泄露不会给自己带来影响。但因个人信息泄露而引发的网络诈骗事件成逐年上升的态势。二是大学生对网络的依赖，造成个人信息泄露。“95”后、“00”后大学生作为网络的原住民，非常依赖网络。网络成了大学生的主要交际平台，大学生喜欢通过 QQ、微博和微信等发布自己的动态；经常通过当当、京东和淘宝进行网上购物；有些甚至通过游戏和各种即时通信软件在网络虚拟世界里交友恋爱。在大学生依赖网络生活的时候，自己的个人信息也在不知不觉中泄露，给网络诈骗分子以可乘之机。事实上，个人信息倒卖已经形成了一条“黑色产业链”。不法分子可以根据这些信息制作“精准”的垃圾邮件、“钓鱼”诈骗陷阱，大学生极易“中招”，造成财产损失。

（二）客观原因

一是网络诈骗本身的特性导致高校学生易受骗。与传统诈骗相比较，网络诈骗的犯罪主体呈现智能化、年轻化，犯罪客观方面呈现隐蔽性、连续性、跨地域性和高危害性等特点，这让大学生更难甄别网络诈骗陷阱。二是学校应试教育、家庭教育忽视对学生社会实践能力的培养。从小就接受应试教育的大学生，很多缺乏基本的生活常识和金融知识。例如分不清年利率与日利率区别，从而踏入不良网络借款的陷阱。三是网络安全管理制度混乱。计算机技术的发展，让网络安全管理的难度也越来越大，局域网病毒、恶意软件的泛滥影响了大学生在网络上学习娱乐。如果软件补丁不能及时跟上，也会给网络诈骗预留了通道。

第二节 网络谣言传播及其应对

在信息化时代，人们的网络参与空间不断更新，新的信息环境及交往环境催生出多个新网络媒体平台，如微博及微信等。集娱乐、交往、信息获取、信息传递等功能于一身的新网络媒体迅速在社会大众中普及。由于大学生猎奇心、求知欲强等身心特点，促使其成为活跃在微博（微信）交往互动空间中的重要群体。在微博（微信）参与过程中，涉及一个重要的环节，即信息传播。每个参与者在此过程中充当信息传播者与接收者的双重身份，真实的信息借助这个平台得到良好的互动与分享，而未经证实真伪的信息则可能在传递过程中误导他人。这种真伪性不明确的信息传递即是谣言的传播。大学生是网络新媒体的重要参与群体，研究其在微博（微信）传谣中的特点，通过理性解构，探析其中原因，是新时期大学生思想政治教育的一个重要内容。

一、“微”谣言传播相关概念解析

（一）“微空间”：微博与微信

在现代社会中，随着人们的交往空间扩大，交往频率增加，相应的信息产物被催生。微博与微信，以其“微”的特点，以微见长，开始在信息时代中流行，影响人们的日常交往与互动，“微”时代随之诞生。微博与微信由于同属于网络环境的微小型新媒体平台，具有交互性、平等性、自主性、便捷性等共性，因而将其共称为“微空间”，人们在一个个“微空间”里，开始话语传播与分享。在互联网促动的微时代，人们的思维方式在跳跃，我们周边的各种事件和社会人物都能被“微化”。[1]

（二）谣言与谣言传播

谣言，在公众环境和社会交往中存在着。“三人成虎”即是古代对谣言的一种生动阐述。人们在交往过程中，通过信息源、信息传递、信息接收，信息再次传递、信息再次接收，如此周而复始的过程中，信息得到传递与分享。而其中，信息成分或真或假。卡普费雷对谣言如此定义：“是指在社会中出现并流传的未经官方公开证实或者已经被官方所辟谣的信息。”[2] 这里所认为的谣言包含两种情况，一是未经官方证实，即该信息真实性不明确；二是官方已辟谣，即该信息并不真实。因而，在该定义下，谣言是我们无法肯定其真实性的语言。哈佛大学桑斯坦教授认为谣言是

---

[1] 陈正辉. 微时代的教育创新初探［J］. 江苏高教，2014（4）.

[2] 卡普费雷. 谣言—世界最古老的传媒［M］. 上海：上海人民出版社，2008：15.

“尚未被证明真伪，却从一个人传向另一个人，其可信度不是因为人们有直接的证据支持他们，而是因为别人也似乎对其信以为真。”[1] 这与中国古代“三人成虎”的说法相类似，谣言得以存在并流传，还在于有人“信以为真”。

谣言传播，指未经证实真伪的信息，在人与人的社会交往过程中进行传递和分享。在这个过程中，一般涉及几个因素：源信息、传播者、介体（口头表述、传统媒介或新媒介）、接收者、二次源信息……如此循环。因而，谣言传播是在社会交往互动过程中实现的，需要传者与受者之间的互动，在互动过程中，“信”是一个关键的因素。只有传者与受者之间有一定的信任度，信息的传递才可能进行；另一方面，如果信息源在参与者看来具有一定的可信度，谣言的传播也更为迅速及顺畅。

（三）大学生“微参与”

“微参与”，指的是参与到微博或微信等新网络媒介中。大学生是接受新鲜事物的活跃分子，通过微博、微信这两大新媒介进行信息传递与共享，在大学生群体中非常普遍。在“关于大学生微博（微信）谣言传播与治理调查”中，我们抽取5000名来自广东省内不同学校、年级、专业类别的大学生作为样本进行调查，调查结果显示，目前已开通微博或微信的人数，占总人数的95.36%，其中，“每日使用多次”的人数比例为46.29%，“每日使用一次”的人数比例为22.70%，“偶尔使用一次”人数比例为25.69%，“从不使用”的人数比例仅为5.32%。数据有力说明，大学生是活跃在微博及微信平台的重要群体，其“微参与”行为很大程度上影响网络信息的传递效果。微博（微信）谣言传播，大学生群体在其中起到的推力作用也不容忽视。

[1] 桑斯坦. 谣言［M］. 北京：中信出版社，2010：6.

二、大学生“微”谣言传播特点

（一）传播范围：基于信任圈中的熟人关系

大学生的人际交往圈子主要集中在亲人、朋友、同学等熟人关系上，这个圈子一定程度上对应地“复制”到大学生的微博（微信）互动圈中。这是大学生别于其他社会群体的突出特点。在这种熟人关系中，信任是其相互间进行信息传递与分享的重要基础。基于信任，信息在传递与分享过程中，疑虑和阻碍大幅减少。“谣言传播是一种典型的共享意义建构活动，传统谣言的共享意义建构是人‘知道’到‘相信’的个人建构”。[1] 熟人关系则更容易由“知道”向“相信”过渡。在实证调查中，大学生的微博（微信）信息来源更多来自亲朋好友，占32.72%，而信息来源于陌生人所占比例明显较低。真伪未定的源信息，由大学生熟知的亲朋好友传播出来，其可信度自然高于陌生人传播而来。正是在这种基于信任基础上的熟人关系范围内，大学生微博（微信）谣言传播更为顺畅。

（二）传播路径：传受一体的无限循环模式

人与人之间的交往并非呈单向链条模式，这就决定了微博（微信）谣言传播不可能是在传者与受者之间进行一次传播。“人人皆可成为信息源，人人亦可成为传播者”。[2] 微博（微信）谣言的传播，事实上是进行着“传播—受传播—再传播—再受传播”的无限循环模式，在这个过程中，传者也是受者，传者在传递出信息之前，自身也是接收了信息的受者，实则“传受一体”。在大学生群体中，这样的传播路径更为明显，大学生是一个较为集中、紧密的关系群体，其中的互动圈包括宿舍、社团、班级、年级、同乡会等，在这种紧密集中的群体中，更利于微博（微信）谣言在短时间内无限循环传播，在这种高强度的集中刺激下，通常人的思辨能力

---

[1] 解迎春. 知道与相信：透视微博谣言传播背后的个人建构 [J]. 新闻界，2014 (5).

[2] 朱松梅，任雁. 微博谣言产生的原因和辟谣机制——以2011年日本震后谣言为例 [J]. 新媒体，2011 (6).

容易被削弱，自然而然地成了谣言的二级传播者。

（三）传播内容：呈简化、锐化、同化倾向

在微博（微信）谣言的传播中，由于平台自身特点，其发布内容字数有限，呈现出微小化、简单化的特点，加之操作方便，因而，微博（微信）谣言的源信息一般不会长篇大论，更难以有严密的逻辑分析及推理，通常只是几句话简单交代一件事情的概况，这是微博（微信）有别于其他博客、论坛等平台的主要方面。而大学生在微博（微信）谣言传播参与中，因其年轻气盛的身心特点，在敏感事件或对个人有刺激效应的事件发生时，即使信息未经官方证实真伪，同样也难以消解大学生的兴趣及注意力。反而，越是具有敏感色彩和刺激效应的事件，大学生越容易以偏激、片面的语言在微博（微信）参与中加以传播、转发、评价等互动，整个群体范围内的这种互动语境使得谣言的传播呈锐化的趋势。

此外，由于大学生群体在年龄、社交、知识水平、思辨能力、社会关注等方面具有较大共性，这促使大学生在微博（微信）谣言的传播过程中，容易在集中的网络互动圈中，接受与周边同学相似的意识判断及情绪反应，从而促使微博（微信）谣言传播的内容呈同化趋势。

（四）传播速度："点对面"的急速传播趋势

微博（微信）这两大媒介平台的突出特点在于，信息的传递与分享可以形成一定的互动圈，在注册用户内，好友间相互关注形成朋友圈，信息一旦在圈内发布，其接收方可为整个圈内的用户而非单个个人。圈内的个人继续转发至另一个圈中，如此递进，信息的传播迅速成几何倍数增长。在关于微博（微信）中真实性不确定的信息的转发对象调查中，41.92%的大学生选择了熟知的朋友圈，21.90%的学生选择公众平台，而点对点私聊及不确定的仅占少数。由此可见，大学生在面对真实性不确定的信息，其转发对象多数为群体而非个人，这就使信息的流传瞬间由"点"向"面"扩散，如此急速的传播趋势使大学生难以在充裕的时间内对真实性不确定的信息进行思考推敲，而是顺势就势地随众将信息进行扩散，谣言

在大学生各类群体中的大面积传播因此形成。

（五）传播理性：信任度与关注度高，参与度低

传播理性，这里指谣言在传播过程中是在一定的理性意识及判断中进行的。关于大学生微博（微信）谣言的传播理性，经过实证调查，可从学生对微博（微信）谣言的信任度、关注度及参与度情况进行分析。关于大学生对微博（微信）各类信息的信任度调查中，选择“非常信任”的人数占7.28%，“基本信任”占46.90%，“不太信任”占38.46%，“不信任”仅占7.36%。数据显示，对微博（微信）信息的信任度持肯定态度的占多数，大学生在此方面的信任度较高。此外，关于大学生面对微博（微信）上真实性不确定的信息时有何反应的调查中，选择“立刻转发”的占9.82%，“求证属实再转发”的占22.88%，“不转发，继续关注”的占29.25%，“看完即过，不再留意”的占38.05%。前三个选项均表明，大学生对此类信息是有关注的，因而，数据表明大学生对于微博（微信）谣言的关注度较高。然而，在对真实性不确定的信息有着较高信任度、较高关注度的情况下，大学生对此而发表言论或随意扩散的参与度并不高，这是大学生微博（微信）谣言传播理性的体现。如关于大学生在微博（微信）上发表的内容的调查中，52.57%的学生选择“个人心情及生活体验”，23.47%的学生选择“转载生活常识或精彩帖子”，8.09%的学生选择“跟帖或发表时事及重大事件见解”，15.86%的学生选择“只看不发表”。这说明，大学生在微博（微信）参与过程中，主要集中在个人生活娱乐与分享。再结合大学生面对真实性不确定信息时所做反应的调查，可发现，大学生在微博（微信）谣言的传播中，其参与度远低于信任度及关注度，大学生具备一定的理性判断能力，面对真实性不确定信息时，不仓促、冲动行事。

（六）传播非理性：个人及社会责任意识弱

传播非理性，这里指谣言在传播过程中，受到一定的非理性因素的影响。大学生在微博（微信）谣言传播中，其非理性一定程度上表现为个人及社会责任意识弱。在微博及微信网络空间中，信息的传递自由性大，从

而消解了网民在现实生活及传统媒介平台中的责任意识。尤其对于大学生来说，一旦发现富有刺激性及敏感性的信息时，更容易引发兴趣及关注热情。在这个过程中，信息的传递是否对个人及社会造成影响，往往容易被忽略。在对大学生进行微博（微信）言论是否涉及道德及法律问题时，持肯定意见的占44.95%，低于持否定意见学生所占比例。此外，关于“同一诽谤信息实际被点击浏览次数达到5000次以上，或者被转发次数达500次以上，情节严重者可构成诽谤罪”这一法律准则的了解情况调查，有39.39%的大学生表示“不太了解”，15.56%的大学生表示“完全不了解”。可见，大学生对于网络不实信息传播的相关法律常识了解情况并不理想，对于其个人及社会缺乏责任感，在微博（微信）谣言传播参与中，容易为了追求个人的兴趣点而忽略了个人将可能面临的惩罚，也忽视了谣言传播将可能给社会带来的负面影响。

三、大学生“微”谣言传播的原因

（一）大学生的非理性特点促成谣言传播

大学生微博（微信）谣言传播一定程度上受大学生个体的非理性特点影响。这里的非理性特点，一方面指大学生的猎奇心理，大学生正处身心发展的关键时期，具有较强的好奇及求新心理，这种心理促使大学生在微博（微信）参与过程中，容易关注突发事件、热点新闻、敏感信息等。在关于大学生群体中谣言为何会在微博（微信）上广为流传的调查中，43.05%的大学生选择“大学生猎奇心理强”，比例远高于其他原因选项。另一方面，大学生的从众心理也是促成微博（微信）谣言传播的重要因素。“大众的聚集就容易导致法国心理学家勒庞所言的集体心理和集体行为，人们容易受到感情的支配而不重视证据和现实，他们受到名望和简单的价值判断的影响，以是和非来判断一件事情，以简单的情绪发泄来表达自己的意见。”[1] 大学生的微博（微信）互动圈中，多数为年轻群体，具有

[1] 焦德武. 微博舆论负面效应及其治理研究［J］. 新闻界，2014（17）.

较大的共性，从众心理使大学生容易受周边言论环境及讨论热点的影响，部分学生参与微博（微信）谣言传播仅是流于形式，为了与朋友圈的互动步伐及动态更新保持一致而参与。大学生的非理性特点与微博（微信）谣言传播形成互动式的螺旋，一方面，谣言以其新奇、敏感、刺激性强等特点加剧大学生的非理性，另一方面，大学生的非理性特点促使该群体更易于接受微博（微信）谣言。

（二）大学生知识能力储备不足影响信息判断

微博（微信）中信息的传递与分享在较为自由的空间中进行，内容涉及不同领域，这对于信息接收者的知识储备及理性判断能力有着一定的要求。大学生作为青年群体，虽然接受着高等教育，但其专业知识能力有所局限，加之社会阅历尚浅，因此，在面对纷繁复杂的不同领域社会热点问题时，其信息真伪判断能力是有限的。在关于大学生群体中谣言为何会在微博（微信）上广为流传的调查中，选择“大学生信息识别能力弱”的占20.30%。这说明，部分大学生能直面自身的知识储备与能力素质不足，并意识到因此而对信息判断产生的影响。缺乏相关信息的知识储备，则难以有严谨的逻辑思维与推敲处理，从而出现人云亦云的情况；此外，处事能力的欠缺同样影响信息判断。在微博（微信）谣言传播进行时，大学生可通过咨询专家、查阅资料、信息根源追踪等方式进行核实判断，而这对于个人的分析与执行能力有着较高的要求。因此，大学生知识能力储备不足影响信息真伪性的判断，这在一定程度上促使大学生微博（微信）谣言的传播。

（三）“微空间”系统特点有助谣传加速

“微空间”，这里指微博及微信两大系统。微博（微信）有着别于其他传统媒介的平台特点，并对谣言的迅速传播起到一定的推力作用。一方面，平台信息共享方便，受众面大。通过转发功能，用户可将信息瞬间进行转发共享，其转发对象可为整个互动圈子，即在短时间内实现信息的由“点”及“面”传递。“零时差”的转发速度削弱了人们的思辨能力，更容易促使信息的二级传播。此外，微博（微信）系统对于发布内容字数有一定限制，这使得突发或敏感事件反映在微博（微信）信息上，通常内容短小、锐化，吸人眼球，这无疑容易加剧谣言的传播速度。另一方面，平台信息的发布缺乏一定的监管。传播学家库尔特·卢因在《群体生活的渠道》中提出"把关人"理论，即群体传播过程中存在着一些把关人，只有符合群体规范或把关人价值彼岸标准的信息内容才能进入传播渠道。微博（微信）系统内的信息传递过程中，"把关人"的缺失促使信息可避开相关审核环节而迅速传播开来。传统的报刊、影视等媒介，任何一则新闻信息须经过各个层级的筛选、审核编辑方可大范围扩散，新媒介微博（微信）则不然，监管系统缺失这一特点加剧了谣言的迅速传播。

（四）高校新媒体教育敏锐性较弱

高校是大学生接受教育的主阵地，信息化时代下，新媒体对大学生的学习与生活的影响不容忽视，这也对高校新媒体教育提出新的要求。然而，在现实的高校教育环境下，新媒体教育情况并不理想。在关于高校开展"微"活动情况的调查中，仅有 11.35%的大学生表示学校已开展过"微"活动并且效果很好。而持否定意见的大学生占绝大多数。数据说明，当前高校新媒体教育的敏锐性较弱。缺乏对新媒介的认识，无法及时掌握大学生在新媒介参与中的思想和行为特点，这是高校网络文明引导不得力的重要原因。大学生在校期间的网络行为如无法得到及时、恰当的指引，那么，在微博（微信）信息的传递与互动中，容易出现信息判断失误、行为偏离轨道，从而导致谣言的不当扩散。高校作为大学生学习及生活的主要场所，也作为学术前沿及新鲜事务探讨研究的主阵地，有着一定的研究资源及师资力量，这是社会环境及家庭环境无法达到的。"我们正处于一个转换的时代——一个全新的传播时代，在这个由微博推动的，正在到来的交流时代，如果我们没有跟上它的脚步，那么有可能会被这个时代所抛弃。"❶ 因而，在新媒体迅猛发展的趋势下，高校应当走在时代的前沿，增

❶ ［美］谢尔. 微博力［M］. 任文科，译. 北京：中国人民大学出版社，2010：5.

强新媒体教育的敏锐性。

四、大学生“微”谣言消解困境及对策

“微”谣言得以传播并在高校环境中对大学生的信息反馈、价值判断、行为选择等产生影响，其波及力度不容忽视。“微”谣言如果没有在源头上进行疏通和遏止，那么，凭据其迅猛的传播速度，可能对各个群体及社会整体环境产生极大的影响。然而，在现实条件下，大学生“微”谣言的消解面临着以下几方面的困境：

（一）高校“把关人”身份被边缘化

库尔特·卢因提出著名的“把关人”理论认为在信息流动过程中，有工作人员充当着“把关”的角色，按照一定的标准进行信息的加工和过滤，以在一定程度上对舆论走向起作用。在传统媒介时代，“把关人”的角色作用在较大范围得到体现，纸媒、电视媒体等，都是经过一定的编辑、筛选进而呈现，其中的可控因素较强。而自媒体时代，微博（微信）信息的呈现过程是一个简易、便捷、快速、非组织化的过程，信息“出口”的便捷程度通常与信息消解的难度成正比。在高校环境中，自媒体平台呈现出多样性及分散性特点，如各学院、各机构社团、各班级微信公众号或微博官方账号，这些平台在学生的信息传播与共享中发挥着直接的纽带作用。然而，高校现实环境下，“把关人”在学生微信（或微博）相应平台中的身份缺位比较明显。平台开辟的便捷性与隐蔽性，信息发布、共享的随意性，都直接导致高校在大学生网络舆论管理中，把关作用难以发挥，经常出现相关信息未经审核但已在学生群体中广为传播。高校“把关人”在海量的自媒体信息中被边缘化，面对决堤的信息，“把关”身份缺位直接导致谣言难以在源头上或传播中途得到有效的消解。

（二）“微”谣言的人文关怀性质易引发大学生舆论倒逼情绪

在受众者关注的谣言中，不难发现，事件常有人文关怀性质，多涉及社会民生、弱势群体、重大突发事件、政治敏感事件等，通常与个人或周

边群体的身心利益相关，因而引起较大关注。美国社会心理学家奥尔波特在《谣言心理学》中做出推断，谣言的影响力与事件的重要性和事件呈现的模糊性成正比。“微”谣言的人文关怀性质使受众将其视为重要事件，并随着自我保护情绪的增长而采取信息扩散、引起多方关注的形式形成舆论倒逼模式。大学生接受高等教育，其人文关怀热情较大。这种带有情感性、情绪性的信息传播模式通常缺乏一定的理性审判，这给谣言的消解造成难度。

（三）大学生的“信息饥渴症”与“群体心理趋同”

自媒体时代，人们是充斥在信息环境中的，对于信息的诉求高于以往任何时期。在事件发生过程中，信息的需求得不到满足时，作为求知欲望较强的群体，大学生往往会陷入“信息饥渴”状态，而一旦相应信息出现，则直接填补了信息需求的空缺，这个过程通常难以在理性评判中进行。此外，当信息大量出现并肆意流传时，群体的力量开始出现。当单方的行为逐渐扩散到多方行为时，“谣言”的信度已在群体的心理强化作用下得到增强，谣言在“群体心理趋同”的压力下难以被攻破。大学生处于典型的群体生活中，校园群体、班级群体、宿舍群体、社团群体等，群体间的相互影响非常大，在网络信息大量传播的过程中，“群体心理趋同”的压力更为显著。

“微”谣言的传播特点、传播原因、消解困境等，让我们看到其存在是自媒体时代的一个产物，彻底杜绝那是空想。然而，在理性剖析“微”谣言传播的深层机制及现实环境下，我们可提出几点可行的对策来促使大学生“微”谣言的消解，减少其危害性。

1. 对策一

完善校园官方公众号，形成有效的辟谣机制。官方公众号对于受众者来说，意味着一定的权威性，其辟谣的可信度高于其他途径及方式。高校都开设有官方媒介平台，其中，官方微信公众号、官方微博账户，都是代表着官方话语的媒介。而其“粉丝”（绝大多数是该校学生）的关注是基于一定的兴趣及信任而为之，这也是官方公众号的话语更彰显说服力的重要原因。校园官方公众号的权威性与可信性决定这是辟谣的重要端口。大量事实说明，一旦危机事件、敏感事件爆发时，受众者都在期待官方的信息。因此，高校应完善其官方公众号，建立媒介平台的应急与辟谣方案，落实责任制，形成有序的、规范的、严谨的辟谣机制。校园公众号在信息流转过程中发挥其引导者作用，在危机事件、环境动荡、舆论呼声混乱的境况下，塑造其公信力和权威性，适时发声，经过剖根问底、缜密判断，在关键时刻净化高校网络舆论环境。

2. 对策二

重视高校网络法制教育，增强大学生行为自觉。网络的虚拟性加大了其规范管理的难度，因而，法治化管理是净化“微”空间，治理“微”谣言的重要途径。大学生群体中，“微”谣言的传播不在于无法制规范制约，而在于相应的法制规范并不为参与者所周知和重视。大学生对于网络谣言传播的相应法律制约准则了解程度不深就有力地说明这点。因而，加强网络法制宣传教育，从认知层面引导大学生。认知上的认同能引起行为上的共鸣，达到认知内化与行为外化的统一。高校网络法制教育可结合大学生思想特点及接纳偏好进行。一方面，通过网络法制宣传，开设网络专栏、报刊专栏、宣传专栏等，对网络谣言的社会危害、法律承担后果等进行系列宣传，强化大学生法制认识；另一方面，通过开展相关专题第二课堂活动、开设专题讲座，围绕网络谣言进行网络法制学习、探讨，了解“微”谣言在社会中的负面影响及相应法律规范。在高校相关法制宣传的耳濡目染及大学生切身的法制教育活动参与中，达到相应教育效果，以增强大学生的行为自觉。

3. 对策三

加强网络技术防范，提高大学生网络谣言辨析能力。大学生对“微”谣言的辨析能力，直接关系到谣言在大学生网络空间中的传播情况。提高大学生网络谣言辨析能力，对谣言进行理性分析、判断、取舍，是净化高校网络空间的根本途径。高校应开辟渠道加强网络技术防范，其一，可成立校园新媒体联盟。高校由诸多部门、学院、学生机构社团等群体构成，各群体都有其新媒体端口（如微信公众号或微博官方账户），将所有新媒体端口进行统一管理，成立有组织、有制度的校园新媒体联盟。各新媒体端口成员在组织管理中进行相应培训、学习、技术训练等，可提高其媒介综合素养，增强信息辨析能力。其二，加强新媒体工作队伍建设。“把关人”角色在传统媒介平台中得到明显体现，而在新媒体环境中，“把关人”的身份被弱化。高校新媒体工作队伍建设是对“把关人”角色重要性的重新定位。在高校各微信、微博媒介平台中，专人专职进行公众平台的信息审核必不可少，这是对校园网络信息的价值导向和社会影响担负责任的体现。“把关人”的信息审核及判断，可在一定程度上影响学生的网络谣言辨析能力。其三，加强网络舆情监控。高校网络舆情工作直接关系校园稳定，网络舆情监控贯穿于各阶段、各环节。学校各部门、学院教学、学工队伍，学生社团、班级干部等，应形成网络舆情监控系统。深入大学生网络空间，了解微信朋友圈、微博账户动态等，及时掌握谣言信息，起到有效的舆情监控效果，防范于未然。

五、结语

自媒体时代催生出一系列媒介平台，人与人直接的交往和互动场域发生重大转变，信息的传播突破时空的界限实现裂变式增长。谣言是信息洪流中的一滚火球，在微博（微信）共享便捷性、强关系性等特点的助推下，火球的蔓延速度更为迅猛。大学生作为新事物接受及应用的活跃群体，“微”谣言的传播呈现出理性及非理性特点，这与大学生的身心特点、高校的新媒体教育现状、“微”空间系统特点等不无关系。“微”谣言在大学生群体中的肆意传播，对于大学生的价值判断、意识形态认同、行为选择都可能产生较大冲击。大学生“微”谣言的消解面临着现实的困境，高校“把关人”身份缺位、大学生在人文关怀事件中情绪高涨、大学生的“信息饥渴症”及“群体心理趋同”等，都直接阻碍谣言的消解。直面困境，结合高校现实境况，本书从管理层面、教育层面及教育层面提出“微”谣言治理的相应对策，探索相对有效的“微”谣言治理方案，坚持谣言“防、控、疏”相结合，在多渠道合力下，让谣言止于智者。

第三节 自媒体时代学生工作创新实践

自媒体时代，信息化平台成为高校开展大学生思想政治教育的重要载体之一。自媒体平台在给大学生思想政治教育工作带来新机遇的同时，由于其本身的特点，也给思想政治教育工作带来了挑战。面对这一机遇和挑战并存的情况，高校思想政治教育者，尤其是一线辅导员，应当转变观念，重新审视教育观念和教育方式，运用自媒体的优势，把教育和自媒体进行融合，使教育工作不断创新和进步，紧跟时代潮流。

一、转变教育理念

（一）重视大数据时代，转变教育理念

随着网络科技的不断发展，自媒体迅速扩张，全球信息呈爆炸式增长。大数据的应用方式在各行业崭露头角，当然，也运用到了大学生思想政治教育活动中去。当代大学生在自媒体平台上发布文字、图片、视频等，这些信息反映了大学生的思想观念和行为习惯，如何对这些信息进行加工处理并利用，这对提高大学生思想政治教育实效性有着重要的意义。

高校思想政治教育工作者首先应该充分认识到自媒体是思想政治教育工作的重要载体，它在思想政治教育工作中发挥着越来越重要的作用。自媒体给大学生提供了一个自由且畅所欲言的个性化空间，大学生通过自媒体平台发表观点，获取信息，不再是一味地寻求教师的帮助。面对这一变化，辅导员应摒弃以教师为主导的教育模式，淡化权威意识，在平等对话的教育模式下，以真情呼唤学生自觉的情感体验，达到服务育人的目的。自媒体时代的到来，辅导员要充分发挥自媒体的积极作用，创新思想政治教育的方式，积极应对非主流文化的挑战，提升传播力、凝聚力和影

响力。

（二）提升思想政治教育者自媒体综合素质

高校思想政治教育者的自媒体技能熟练程度直接影响着高校实施思想政治教育的成果。因此，高校一定要重视对思想政治教育者的媒介素质培养，开展有针对性的讲座或者开设专门的课程培训班来增强他们的实践能力。当前高校的信息传播主要是通过自媒体平台发布出来的，如 QQ、微信、易班等，这就要求高校思想政治老师尤其是高校辅导员必须具备熟练的自媒体使用技能。技术是为了更好地为人服务的，自媒体技术也必须是更好地为做好思想政治教育工作大局服务。自媒体综合素质应该成为大学生思想政治教育者必备的一项素质。反过来讲，会使用自媒体工具来开展思想政治教育工作的辅导员也更容易与学生走到一起，真正了解大学生的所思所想，更好地为他们服务。这样可以有效地避免因为信息不对称而导致的师生沟通不畅。大学生思想政治教育工作归根结底是做人的工作，做人的工作首先要了解大学生群体，对他们的学习、生活状态有一个清楚的认识和了解。所以对高校思想政治教育者自媒体素质的培养迫在眉睫，是我们当前必须引起重视的，不然未来对于辅导员开展大学生思想政治教育工作就会变得困难重重。熟练运用自媒体平台，可以帮助辅导员屏蔽和监视一些违法、违规和校园不良信息，识别出源头后及时通知有关部门作出相应处理，从而确保大学自媒体阵地的纯洁性。

此外，高校要积极鼓励和倡导思想政治教育者以实际行动参与到校园媒体的活动中，做到理论与实践的结合。思想政治教育者参与到校园媒体的活动中，用自己的媒介素养知识指导学生进行社会实践，在实践中开展思想政治教育工作，不仅丰富了校园媒体活动的内容和形式，也给思想政治教育者提供了一个理论和实践相结合的平台，更好地将理论学习研究和实践操作相结合。

（三）打造自媒体管理队伍

由于自媒体时代信息快速且繁杂，使得思想政治教育者的管理任务更加艰巨，不仅要在时间上跟信息传播速度比快慢，而且要在管理效率上比高低。因此，高校自媒体管理队伍必须具备高效的特质。与其他渠道传播的信息相比，自媒体平台的信息更具“外显”性，大学生的思想言论都通过自媒体平台能够“迅速”“直白”地呈现在教育工作者的眼前，教育工作者在熟练运用自媒体的前提下，能够快速有效地收集信息，掌握大学生的舆情动向。这也就要求在高校组建一支具有较高的网络技术水平、较快的反应速度、较强的舆情分析能力以及较好的文字组织能力的教育管理队伍。

二、构建并完善思想政治教育自媒体平台

自媒体平台的出现极大丰富了思想政治教育的形式。自媒体的即时性特点，可以实现一对多的互动式交流，尤其是在5G手机时代，完善高校思想政治教育自媒体的平台建设显得尤为重要。我们要善于搭建一个平台供所有学生都可以参与进来，打造正能量满满的校园自媒体。搭建起平台之后也要建立起相应的规章制度，制定好具体的监管条例。高校的自媒体平台建设应该纳入学校的日常管理工作当中去，把它当作一项极其重要的任务来抓，常抓不懈，抓出成效来。

（一）构建高校思想政治教育自媒体平台

一是要坚持正确的舆论导向。自媒体环境下，大学生在网络平台上花的时间较长，但平台信息良莠不齐，高校要主动加强对信息审核、把关，用网络优秀文化主动占领网上舆论阵地。二是要打造网络文化精品。在网络文化内容上下功夫，开设精品栏目，挑选优秀团队，创新形式，结合校园实际，制作出网络文化精品。三是要加强网上交流互动。营造健康的校园网络环境，主动贴近学生，在网络平台上与学生加强交流互动，及时掌握学生思想动态。

为此，高校思想政治教育者可以在发扬传统媒体的基础之上，积极整合自媒体平台的资源，不断创新思想政治教育内容和方式，积极参与自媒体的创建和使用。首先，要树立起自媒体平台是一个提供集思广益、自由

讨论的开放式平台的理念，人人都可以参与，人人都可以发表自己的看法。要了解不同自媒体平台之间的差异以及受众群体的喜好，明确利用自媒体所需传播的内容。其次，建立起个人—学生组织—学校部门三级的自媒体校园平台，整合校内外的各类资源，加强学生个人、学生组织、各学院及学校各职能部门自媒体之间的联系和交流，最大限度地满足各个层次学生的需求，构建丰富多彩的校园文化。再次，平台内容的编排要符合大学生的需求。自媒体平台上的语言风格可以使用那些通俗易懂、喜闻乐见的语言文字，要善于用“微语言”借助表情包等轻松形式，“微言大义”，把理论教育融入浅显的话语中去，开展“微思政”教育。最后，在栏目设置上、整体布局上要注重其清晰度与准确度，在网站的内容上要丰富且更新及时。如设置校园专区，发布校园新闻、生活服务、就业信息等学生比较关注的信息；设置学习专区，方便学生找到相关学习资料、教学课程的视频、课件等；设置新闻专区，引导大学生正确了解社会新闻；设置大学生论坛，便于大学生交流意见和看法；设置网络心理咨询平台，采用匿名的方式帮助大学生接受心理疏导，战胜心理障碍等。总之，引入自媒体平台的根本目的是将思想政治教育的内容生活化，使思想政治教育以学生喜闻乐见的方式轻松、自然地传递出去，使思想政治教育达到春风化雨的效果。

（二）创新自媒体背景下思想政治教育方法

1. 隐性教育法

隐形教育是不直接对受教育者进行思想政治教育，避免因其枯燥单调而造成受教育者的抵触心理，提高学生内在的积极性，在不知不觉中将教育者的理念灌输给受教育者，让受教育者内化于心的理念。隐性教育要运用得当，合适的载体是必不可少的，自媒体的“隐蔽性”能够成为这种教育方式的载体。通过自媒体平台的沟通，可以减少大学生对于老师、学校的抵触心理，让学生在平等轻松的氛围下充分表达自己的情感，同时老师又可以将更多正确的理念、价值观传达给学生，把情和理充分结合起来，做到情中有理，理中有情，以提高大学生思想政治教育的实效性。

2. 榜样教育法

榜样教育法是运用模范、典型的人物事例来启发、教育大学生，使他们树立正确的理想和奋斗目标，提高觉悟和认知水平。榜样的力量是无穷的。在自媒体环境下，高校可以通过平台宣传弘扬社会正气，树立社会风尚的正面典型，如在学校微博、微信公众号里宣传学习标兵、道德模范、自强典型等，许多典型的事或人会受到大学生的点赞、转发和评论，使得这些典型事或人的影响范围扩大，形象更加生动鲜明，它的号召力和说服力得到极大的提高。可以让更多的学生产生敬佩之心，起到很好的示范效用，有些甚至可以直接转化为学生们学习的动力源泉。因此，辅导员在进行大学生思想政治教育活动时，应善用自媒体平台，积极树立正面典型，形成先进的良好风气。

3. 疏导教育法

疏导教育法是思想政治教育中常用的方法，是指教育者根据人们所表达的不同观点言论进行分析，将正确的观点言论进行发展，将错误观点言论进行批评指正。面对自媒体时代更加开放的网络环境，思想政治教育工作者应更加注重大学生网络舆论的疏导。在疏导过程中要营造出一种开放性的舆论氛围，把大学生作为独立的个体看待。大学生是有思想有情感的群体，充分尊重他们的人格、兴趣和爱好，相信大学生对于网络舆论有自己理性判断，可以进行自我约束。同时教育者也要包容更加开放的舆论内容，允许不同的声音和差异性。在对大学生进行引导的过程中，要摒弃急功近利的心态，在充分尊重学生的基础上进行差异化教育，要把大学生塑造成为自由发展的个体而不是只停留在干巴巴的理论说教上面，只告诉学生“该做什么”，而不告诉学生“如何做”。

（三）健全高校自媒体平台管理机制

1. 建构自媒体监测审查机制

自媒体时代的信息传播更加开放和公开，零门槛的准入使得自媒体信息本身缺乏有效的监管，因此需要建立一个有效的舆情监测审查机制，才能够促使自媒体平台良好运作。高校应该加强对于自媒体信息的管理，运用行之有效的教育方式方法，从网上、网下两个方面做好信息的过滤。学生获取信息的渠道是多样的，辅导员必须做好“把关人”的角色，及时关注大学生的思想动态和行为举止，熟悉自媒体平台运作，熟练运用自媒体平台进行信息收集和筛选，提高辨别能力。

2. 建构自媒体分析预警机制

近年来，由于高校不断扩招，学生数量激增，而学生的思想水平还是存在很大差异，加之网络技术和手机技术的不断革新，这一系列因素给大学生思想政治教育带来前所未有的挑战，对信息的收集和处理提出了更高的要求。只有做好信息的收集和处理才能对信息进行预警。思想政治教育者要善于发现问题并对问题进行科学诊断，必须全方面、多渠道、多形式进行问题信息收集。收集以后要运用统计工具将搜集到的数据进行分析并给出定量结果，并对这个结果进行定性和归类。思想政治教育者应特别注意搜集那些反映学生思想变化的信息，从中提出由于时代、环境的剧变而产生的新问题，并对这些问题进行认真分析，从而有针对性地提出解决这些问题的措施和办法。

3. 建构自媒体危机处置机制

高校传统的危机处置管理模式被自媒体的出现所打破。现阶段的高校必须建构与自媒体相适应的危机处置机制。以往高校的危机处置机制多采取冷处理的方式，希望能够淡化危机事件在学生中所造成的影响，减小事件的影响范围。自媒体的环境下，信息传播无处不在，大学生能够在短时间内获知事件的始末，并参与转发和评论，这就让高校处于被动的局面。如何才能打破这种局面，掌握舆论主动，这显得尤为重要。一方面，学校要密切关注学生的舆论动向，通过完善的审查机制和信息预警机制，快速掌握学生动向，预防危机的产生；一旦危机出现，高校应该迅速利用官方自媒体平台发布准确信息，制止谣言的扩散。在危机爆发的最初时间进行信息发布可以较好地控制舆论动向。另一方面，高校也要积极关注大学生在危机时间内的舆论动向，对大学生所出现的舆情进行答复，并在自媒体平台上实时发布最新动态信息。危机结束以后还应做好善后工作，及时查漏补缺，处理遗留问题，总结经验教训。

4. 建构自媒体组织协调机制

大学生思想政教育是一项长期复杂的工作，需要高校内各部门的配合才能发挥出教育的最大实效。中国高等教育是实行党委领导下的校长负责制，要加强自媒体组织协调机制，首先应加强党委领导，加大投入力度，从学校党委、部门、学院、后勤等环节都应建立起自媒体的组织协调机制，能够有效地提高自媒体运行效率。自媒体给高校各部门组织协调工作的开展提供了一个便捷的平台，各部门应该从大学生出发，通过自媒体了解大学生内在需求，不断整合优化学校的资源，形成健全的舆情审查机制、信息分析预警机制、危机处置机制等，这样才能全面有效地把握自媒体时代大学生思想政治教育的话语权，统领全局。在自媒体出现之前，高校思想政治教育工作已经有了一定的积累，在新媒体的背景下，高校应深入挖掘自媒体的优势，把握自媒体环境下工作的新思路、新方法，将自媒体的优势纳入各项管理制度和实际工作中去。在原有的思想工作基础上，各校院应该成立工作小组，充分利用自媒体的各种平台，如易班、“两微一端”、学生工作管理系统等，进行平台上的日常管理和运行工作，利用这些平台进行舆情的搜集和分析。

5. 建构自媒体效果评估机制

自媒体时代，思想政治教育要建立完善的机制，提高应急处理能力。自媒体时代思想政治教育机制运行能否取得良好效果，危机处理能否得到妥善处理，这需要进行数据分析以及科学的评估。因此，建构自媒体效果评估机制是整个思想政治教育机制运行的最后环节。对思想政治教育机制的评估不仅要在运行过程中进行，也要在运行结束时进行。对机制进行阶段性评估，有利于教育者适时地调整运行机制，调整教育计划，进而对整个教育活动能够进行有效的调节；对机制进行总体性评估则是对整个运行机制或是某项处理活动进行分析，可以从中总结经验教训，从中探索规律，为下一次危机的处理提供借鉴，从而完善机制的运行。因此，教育者应该重视机制运行的每个环节，注意每个环节之间的逻辑关系，使得整个思想政治教育机制运行不断向前发展。

三、开展自媒体学生工作的实践探索

（一）利用自媒体开展基层党建、团建工作

1. 主动占领阵地，加强学生思想引领

一是要加强对网站的管理和监督，抵制不良思想对学生党员、团员的思想侵害，主动占领阵地。二是要加强高校党员、团员的理论学习，武装头脑，增强他们的思想理论素养和政治素养，提升他们主动学习的意识和动力。三是要设置每周、每月热点讨论，围绕社会现象及热点问题，在自媒体平台上定期推送文章，及时更新话题讨论，并聘请思想政治课教师和专家进行线上答疑。四是要在关键节点集中开展主题交流活动，利用微信、微博、易班等平台开设微课堂，向党员、团员群体推送包括重大会议、重要论述、相关资讯、典型案例、人物访谈等，丰富学习内容。五是要引导学生主动创新学习版块，如线上读书音频分享（成长之声）、红色电影分享会等，让广大党员、团员切实感受身边榜样的力量，从而增强高校基层党建、团建工作的实效性。

2. 创新支部活动，推动组织发展工作

传统的党员、团员培养发展和支部活动多为线下理论教育、面对面谈话、组织理论学习、召开民主生活会等，这类活动的弊端受时间和空间限制较大，且多数成员主动参与度不高、主动意识不强。因此，辅导员可以从以下几点开展相关工作：一是要分利用自媒体平台功能，丰富党支部、团支部开展各项工作及活动的形式；二是要利用自媒体平台，增加与党员、团员的线上交流次数；同时，开设“微党课”“微团课”吸引学生在线学习、讨论，并通过设置题库、分享课件和视频等，实现线上和线下联动的教育模式；三是要学生通过对自媒体的转发、评论、分享等功能实时分享感兴趣的信息，加强学生党员、团员间的相互监督，增强学习的自主性和主动性，巩固学习效果，推进党员、团员的组织、发展和培养工作。

3. 整合平台资源，发挥教育辐射作用

自媒体平台可以实现远程教育、舆论监督及信息的发布和交流。当前，多数高校的党支部和团支部都在借助自媒体平台开展工作，但各自为政的现象容易造成资源和信息的不对称或重复。因此，可以积极整合各平台资源，形成矩阵互动，在校园内形成联动，以打通各学院、各专业间的信息壁垒，建立院际、校院、校内外的互动机制，实现信息共享，避免重复建设，从而扩大党建、团建平台的教育影响力。

（二）利用自媒体优化高校心理健康教育

1. 壮大主流舆论，加强媒介素养教育

首先，高校应加快自媒体教育和发展平台建设，进一步创建有益于当代大学生学习和生活的自媒体环境，不断壮大高校主流思想舆论，为传播正能量提供平台。把握好网上舆论引导，使网络空间清朗起来，逐步赢得意识形态工作的主动权和话语权，传播社会主义核心价值观，培养大学生树立正确的理想信念。其次，高校要积极转变思维方式，把媒介素养作为重要内容纳入高校心理健康教育的教育目标体系。高校思想政治教育工作者要做好把关工作，一方面应深入了解自媒体的运作机制，了解自媒体背景下大学生思想观念转变的原因；另一方面开设媒介素养相关课程，进一步提升大学生获取信息、筛选与分析信息以及传播信息的能力，这是大学生形成健康积极人格的重要前提。

2. 改善师生关系，提高现实交往能力

随着自媒体在大学生群体中的普及，为师生提供了一种新型的人际交往方式。传统教学中，师生运用有限的课堂和短暂的课间时间进行互动；自媒体环境下，教师与学生可以突破这种局限，师生之间借助 QQ、微信、微博、易班、校园论坛等平台加强沟通和交流。民主型的师生关系有利于大学生将这种积极关系迁移到现实生活。高校应注重提高大学生的现实交往能力。首先，通过心理健康教育帮助大学生树立正确的人际交往观，培养积极的交往动机；其次，加强大学生人际交往技能的培训，大力开展丰富多彩的校园文化活动，如以团队合作、自信训练、人际交往为主题的团体心理辅导，通过团体互动合作提高大学生的交往技巧，增强主动意识，提升大学生学习和运用情绪表达的能力；最后，鼓励大学生走出网络，积极参与社会实践。高校应加强大学生的实践教育，引导大学生走出宿舍，走向班级、校园及社会，在实践中开展遵纪守法、乐于奉献等教育活动，努力提升大学生的社会责任感和使命感，塑造大学生的理想信念。

3. 完善自媒体管控，做好心理预警干预

自媒体背景下，学生的心理状态呈现出鲜明的时代特征。高校应立足当前实际，构建大学生心理预警和干预机制。首先，建立心理预警疏导机制。借助自媒体平台加强对大学生心理状态的监测和预警，运用自媒体平台建立各种信息反馈机制，针对大学生的心理需求和现实诉求，积极予以解答和回应，引导疏通，化解矛盾，避免负面情绪的累积。其次，健全高校网络危机干预机制。在自媒体的不同群体中，成员的意见、行为乃至思维方式、生活方式具有高度的趋同性，他们所传播的信息极易产生共鸣，尤其是在高校，会引发大学生的盲目从众和传播。自媒体信息传播引发的紧急事态，高校原有的危机处理模式已不再适用，必须寻求新的干预机制。首先是在把握隐私权的基础上，借助技术手段对网络危机的来源进行监督，及时掌握大学生的思想动态，并在线下开展有针对性的工作；其次是要进一步把控高校的发言权，建立高校“新闻发言人”制度，特别是针对自媒体网络中不良信息和事件及时有效地做出正面回应，避免负面影响扩大；最后是要培养大学生网络意见领袖，借助榜样的力量传播网络正能量，面对各类突发事件或群体性事件时，保持冷静的头脑和理性的思考，在大学生群体中发表积极、理性言论，引导其他同学正确看待事件，有效地防止恶性事件的发生。

德育教学模式创新

第一节 将微媒体嵌入思想政治理论课教学

2019年3月18日，习近平总书记在学校思想政治理论课教师座谈会上提出：“改革创新是时代精神，青少年是最活跃的群体，思政课建设要向改革创新要活力。如果做一天和尚撞一天钟，照本宣科、应付差事，那‘到课率’、‘抬头率’势必大打折扣。”在信息化时代，高校应深刻领会习近平总书记的会议精神，在思想政治理论课建设中发挥改革创新精神，大胆探索新模式新方法。以信息化时代的微媒体为载体，嵌入高校思想政治理论教学之中，是值得探索的新方式。

一、微媒体概念解析

微媒体，是新时期网络科技发展而催生的新型传播与互动新媒体。微信及微博则是微媒体的两大典型代表，为大众所熟知，运用，并以其独特的方式影响甚至改变着人们的生活观念、日常行为、交往方式、学习态度、工作环境等。

微博，即微博客，2009 年 9 月由新浪公司推出的一个信息获取、传递、分享及交往互动平台。经注册的用户与用户之间通过相互关注形成一定的交往圈，用户每次可在个人平台上编辑 140 字左右的文字，并附加图片或视频，或者用户直接转发他人编辑的信息条，实现交往圈中的即实分享。微信，2011 年 1 月由腾讯公司推出，为智能手机提供即使的网络通讯平台。注册用户可利用该平台，在网络环境中实现文字、图片、语音、视频的共享与互动。用户与用户之间通过相互关注形成朋友圈，在朋友圈内部可实现一对一、一对多、多对多的信息传递与交往互动。微博与微信由于同属于网络环境的微小型新媒体平台，具有一定的共同点，因而将其共同称为微媒体。

二、微媒体的传播与互动特点

（一）传播即时性

传播即时性是微媒体区别于其他传统媒体或一般网络媒体的重要特点。因其“微”，更易于在短暂时间内实现信息的传递共享。用户编辑发送的信息内容，可在瞬间得到传播，实现“一对多”，“点到面”的信息传播与交互。紧急事件、正面信息等如果能在微媒体中得到良好的传播与互动，则微媒体的即时性特点将凸显其积极作用。然而，一旦信息有误，谣言散布，那微媒体的即时性特点将起到推波助澜的作用，加速谣言或误导性信息的扩散。

（二）分享便利性

微媒体自身具备的发送、转发、评论功能，决定了其具备分享便利性特点。任何一则编辑发送的信息，都可以在用户之间、好友之间实现分享，这是微媒体区别于其他媒体的又一突出特点。在传统媒体运用过程中，参与者更多是处于被动位置，接收、观看、了解相应的信息，而阅读报纸、观看电视、浏览网页等方式，用户均须借助其他方式间接地与他人分享。微媒体的优势则在于可即时在系统中进行分享，个人向“粉丝”“朋友圈”范围的信息分享，也实现了信息瞬间“由点及面”的快捷分享。这种分享便利性迎合了新时期人们对于交互工具的选择要求，生活节奏在加快，便捷的工具才能满足人们的需求。

（三）参与自由性

微媒体是在一定的网络空间范围内，用户进行言论发表、信息传播、互动交流的平台，参与者可以自由参与。在法律规范及道德准则范围内，微媒体的自由度远远大于传统媒体，用户可根据自己意愿随时发布信息，好友也可根据自己意愿进行评论，发表观点，表明态度。在报纸、电视、网站等平台中，参与者的言论发表往往需要经过一系列审核环节，其周期较长、手续烦琐、发表概率小，因而，自由度远远不及微媒体。然而，微媒体参与自由性大在一定程度上也意味着信息的严谨性、逻辑性及真伪度等要远远弱于传统媒体。绝对自由容易引起混乱，引入规范准则，相对自由才能更好发挥微媒体的优势。

（四）内容简洁化

微媒体由于平台自身所能发布的内容字数有限，因而一般不会长篇大论，呈现出微小化、简单化的特点，这是微媒体有别于其他博客、论坛等平台的另一方面。简洁化的信息内容，在信息“大爆炸”时代更易于传播与接收。当前社会，生活节奏的快速化与选择的多样性促使人们更愿意接收简洁、精悍的信息内容。碎片化、简单化的微媒体信息正是时代要求下的产物。微媒体信息的逻辑性与系统性必然弱于传统报刊媒体、微博论坛文章等，只有参与者提高个人信息选择与判断能力，才能保证简洁化信息又精又准。

三、微媒体运用于高校思想理论课中的优劣势分析

高校思想理论课是开展大学生思想政治教育的主阵地，微媒体环境下，高校思想理论课的方式在不断更新，以求更加贴合时代发展、贴合学

生身心需求。在这种趋势下，微媒体在高校思想理论课中的运用成为完善教学方式的一种新尝试。

（一）优势分析

1. 师生平等、互动灵活

一般的课堂理论授课方式容易忽视学生的主体地位，使学生处于被动接收知识的状态。微媒体在思想理论课中的运用则可以突破这种传统的困境，在教学过程中，教与学、师与生之间是一对平等关系。打破课堂、时间及师生关系界限，在微媒体平台中进行信息传递与评论共享、互动，实现传播者与接受者之间的直接沟通，也实现了学习者之间的相互交流。在微博及微信平台中，所有参与者都是平等的个体，在不受约束的空间中进行知识的汇聚与观点的交锋。

2. 学习内容显性生动化

传统印刷教材及其他学习资料，是一套套相对系统的知识体系，也是作为隐性的学习内容，需要教师的教授及学生自身的挖掘、研究、学习，才能为学生所吸收，储备为自身所具备的理论素质。而将学习内容和讨论热点以微博、微信的形式表达出来，学生在浏览、讨论过程中对于知识的认识以及个人的思考都会慢慢形成。也就是将传统的隐性的学习内容在开放、灵活的平台中呈现会更为生动，也更为大学生群体所热衷。隐性内容显性化，这是微媒体运用于高校思想理论课中的一个较大优势。

3. 信息更新及时畅通

微博、微信由于操作简便，无须复杂的层层审核环节，因而，信息的更新与传送更为及时、畅通，这贴合了大学生对新鲜事物敏感度高、参与热情大的身心特点。运用微博、微信，可及时掌握大学生的思想动态和讨论热点。教师通过在微博、微信平台中掌握的网络前沿热点及大学生的讨论焦点等内容，总结分析，并以此作为授课素材，可较大程度地提高学生的学习热情，从而增强教学的实效性。而微博和微信及时、畅通的信息更新模式，是学生接收新鲜事物与教师掌握大学生思想行为动态的有效渠道。

（二）劣势分析

1. 把关缺失，信息真伪优劣难辨

微博、微信系统的信息传播较之传统的媒介，更为简单快捷，平台信息的发布缺乏一定的监管和审核。“把关人”的缺失使真伪不明、优劣未定的信息直接传播分享，而微博、微信平台的瞬间快速传播特点对此也起到一定的推力作用。在信息多元化的现代社会，大学生对新鲜事物的热情大，然而，由于缺乏社会经验，大学生的是非判断标准及道德评判标准尚未完全成熟，这容易导致大学生在信息筛选过程中遇到阻碍，评判错误，真伪难辨。把关缺失，没有一定的监督管理标准，导致微博、微信中信息良莠不齐。高校思想理论课教学在运用微媒体平台过程中存在此弊端，需要教师给予一定的引导与信息选择。

2. 互动自由，教学可控性被弱化

微媒体参与者在一定朋友圈范围内，对某一信息内容进行阅读、转发、评论等操作时，可不受限制，自由发挥。传统的课堂讲授式教学方式与此形成鲜明对比，在以教师为教学主体的传统课堂中，教学的可控性远远强于利用微媒体进行的学习探讨。在微媒体互动过程中，学生可通过微博、微信信息的传递共享，表明自己的观点，增强自己的话语权。教师与学生之间地位平等，教师难以像在传统课堂中一样，把控学生接收的信息内容，限制学习时间，引导学生思考方向等。而是与学生一般，在互动过程中平等对话，共同充当学习者、探讨者。在微媒体环境下进行学习，固然有助于提高学生的学习自主性，但被弱化了的教学可控性则加大了教师教学的难度，对于教师的能力素质也提出了新的要求。

3. 理论知识易被娱乐化

高校思想理论课无论以何种方式传授知识，理论内容终归是主体内容，其他的图片、案例、视频、生活话语讨论等都属于教学的辅助内容。微博与微信属于新兴网络媒体，渗透在人们尤其是青年群体的生活中。作为社交工具，微博、微信承载的娱乐功能显而易见，这也是微媒体大受欢迎的一个重要因素。因此，将思想理论课内容渗透于微博、微信平台中，夹杂于其他娱乐性内容中，容易导致理论知识被娱乐化，一方面，削弱了思想理论知识的严谨性；另一方面，对大学生的学习态度也有所影响。此外，青年群体在网络上会学到一些网络话语并不自觉地加以运用，而如果在思想理论课学习与讨论过程中同样采用不规范的网络话语，也会导致理论知识被娱乐化，减弱教学效果。

四、师生理性“微参与”，突破高校思想理论课困境

（一）思想政治理论课教师应增强自身媒介素养

在网络信息化发展的社会环境下，高校教师媒介素养的养成，是增强教育实效性的重要途径。美国传媒素养研究中心将媒介素养定义为：人们面对传媒各种信息时的选择能力、理解能力、质疑能力、评估能力、创造和制作能力以及思维性回应能力。[1] 高校思想政治理论课教师对于大学生价值观形成、思想动态变化等有着较大的影响，在信息化时代，只有教师增强自身媒介素养，才能真正融入大学生的网络生活中。尤其是在当前微媒体盛行的环境下，教师需要认清如何运用微媒体传播教育信息、增强教学互动、甄别网络信息，从而提高教师及学生的批判分析能力，提高学生学习思想理论课的积极性。思想理论课教师媒介素养的养成应包括以下几个方面：一是网络热点信息的筛选能力。筛选社会焦点事件，结合教学内容，将其转化为教学资源，这是教师媒介素养的基本要求。二是批判分析信息的能力。学生对于信息的判断由于受到年龄、学识、阅历等方面的限制，难免存在偏差或片面。因此，教师对媒介信息的分析判断能力，将对学生的引导起到重要作用。三是信息规范传播能力。教师应当具备规范传播信息的能力，才能将不合理、不科学的信息拦截在教育的互动参与中，减少大学生受到的不良影响。

（二）大学生增强自身在微媒体中的学习意识

在大学生日常微媒体参与过程中，娱乐性参与占绝大部分。因而，要

---

[1] 宫淑红，张洁. 媒介素养教育理论与实践［M］. 济南：山东人民出版社，2010：20.

将大学思想政治理论课教育渗透在大学生的微媒体参与过程中，需要大学生增强其自身在微媒体中的学习意识，化娱乐性参与为学习性参与。学生在微媒体中的学习意识，一方面，需要教师在学习内容、学习方法上起到引导与组织的作用。以微媒体为载体，将教学内容渗透其中，如微信公众号学习内容的充实、微信朋友圈中理论观点的发布、微博平台中相关理论知识及学习素材的发放，等等，都可以为大学生的微媒体学习参与营造一定的氛围。学生在这样的氛围熏陶下，耳濡目染，更容易培养起在微媒体中的学习意识。另一方面，大学生在微媒体中的学习意识，需要其自身的主动培养。传统的教学方法、教学素材在时代发展进程中，劣势慢慢显现出来，大学生作为教学过程中的主体，更有直接的感触与体验，对于新学习方法的尝试有更为明确的方向与要求。因此，在微媒体环境中，大学生作为重要的参与群体，应当培养其个人主动参与微媒体学习的意识，只有学生个人有主动在微媒体学习的意识，教师所共享的学习内容及引导的学习活动才能有实效。

（三）加强微媒体中的师生有效互动

高校思想政治理论课在微媒体中开展的重要前提，是授课老师与学生在微媒体间之间建立起良好有效的互动交流。这种有效的互动，一方面，要求教师与学生之间应当保持相对一致的话语体系。大学生的年龄、交往群体、社会见识等都有其特殊性，这就决定了大学生的话语内容与其他年龄阶段的群体都有所差异。为了实现有效的互动，教师应当熟悉学生在网络中的话语特点，了解时下流行的网络语言，才能更有效地与学生进行网络交流，较少因年龄和身份带来的隔阂。另一方面，要求教师与学生之间应当有更明确的角色认知。教师在微媒体中开展教育活动，其角色仍然是一名教育者，对学生的学习活动起重要的引导作用，教师在微媒体的教学开展过程中应当始终坚持形散神不散，把握教育的实质。学生虽然是整个教育活动的主体，但如果在微媒体学习中轻视教师的教育者身份，学习上缺乏一定的自我规范、自我把控意识，则无法将自我学习与教师的教育引导衔接起来。

第二节 易班平台丰富思想政治理论课程

易班是自媒体时代的新生产物，在高校思想政治政治教育中注入了新鲜的活力。易班，于2012年由教育部推行，以“实现教育的梦想”为口号，发挥其思想政治教育功能，成为网络化环境下大学生思想政治教育的新媒体平台。探讨易班自媒体平台开展思想政治教育的理论溯源，分析其可行性与必要性，提出相关的教育原则，对于高校有效利用易班平台开展思想政治教育，引导大学生坚定信念，树立正确的价值观，具有一定的意义。

思想政治工作是其他一切工作的生命线。高校大学生思想政治教育工作在新时代发展过程中对教育工作者提出新的要求。大学生的活动场域打破了实体空间，取而代之的是互联网虚拟空间。“青年大学生在哪里，我们的思想政治教育工作就要开展到哪里去。”巧用新媒体技术，提高高校思想政治教育的实效性，是顺势而为。

一、基于易班开展大学生思想政治教育的理论溯源

（一）社会交往理论

马克思提出：“社会——不管其形式如何——是什么？是人们交互活动的产物”，社会的本质是人们相互作用的产物。易班作为互动平台，体现的是人与人之间的相互交往活动，是人们借助易班作为传播或共享媒介，实现信息的传播、资源的共享、思想的交流等。依托“社会交往理论”，高校师生群体在新媒体平台中实现相互交往，建立相对紧密的联系。

首先，从学校层面看，学校建立易班工作站，以指导者、组织者的身份，统筹及组织全校各学院、各职能部门、各学生群体开展易班的建设与运营工作，形成一定的组织架构，这是全校易班进行联动的基础架构。校

级易班工作站对各二级工作站之间的交往互动，体现在校易班工作站对二级工作站的培训指导、信息传达、活动布置等方面；各二级工作站对校级易班工作站的交往互动，体现在信息咨询与反馈、工作回应等方面。

其次，从二级学院层面看，学院利用易班平台全面开展大学生思想政治教育工作，涉及学院学工工作、教育教学工作、学生机构社团等方面的联合互动。一方面，学院教育工作者利用易班平台，进行思想政治教育活动设计与分享。任何教育活动，缺乏分享与参与，就无法达到相应的教育效果。学生在易班平台中回应并参与学院宣传、分享的思想政治教育活动，从而与学院层面的教育引导形成互动；另一方面，各机构社团，为学院更好地开展第二课堂活动，发挥了组织作用，成为大学生丰富校园生活的重要场所。因而，各机构社团活跃于易班平台，为紧密大学生联系，加强大学生交往互动，发挥了一定作用。

再次，从各班级层面看，易班班级群是高校内各现实班级“复制”至网络中的虚拟班级，即 E-CLASS，这也是“易班”的英文翻译。大学生的互动交往不局限于线下交往，而是在易班班级平台中实现共同学习、信息共享、活动参与等。易班班级有别于其他互联网媒介平台，易班班级群依托的是实体班级，按实际学籍认证加入群内，以有效地进行教育或活动共享，在一定程度上克服普通媒介平台信息真假难辨、价值引导不正等问题，成为大学生思想政治教育的一片净土。

最后，从个人层面来看，易班平台中，大学生个人是该平台互动中的基础单位，学生相互之间的互动交往，实现“点对点”的交流，是最为直接的互动方式。大学生思想政治教育，其对象是大学生个人，因而，学生个体之间的有效交流与互动，对教育效果起到最直接的作用。易班平台可以有效甄别与避免不良信息，为大学生的交流互动提供健康积极的环境，这也为大学生围绕积极、向上的信息进行交流与互动，共同实现知识充实、情感建立、价值形成、道德养成等。大学生在易班平台中的相互交往效果，直接关系着高校大学生思想政治教育的实效性。

（二）人的全面发展理论

马克思关于人的全面发展学说认为，人的发展与社会的发展是相一致的。一方面，人的全面发展相对于人的片面发展而言，人的发展是精神与身体，个体性和社会性的普遍的、充分的、自由的发展；另一方面，人是如何发展的，取决于社会条件。

相对于人的片面发展而言，人的全面发展学说为教育指出了方向。人要达到精神与身体的协调发展，个体性与社会性的普遍发展，需要在一定的教育环境、教育渠道下进行，促使人在发展不充分的状态下，沿着正确的方向得到进步和发展。大学生群体在成人成才过程中，面临着的正是其实现心智、体质各方面综合发展的过程，在这个过程中，需要探索一定的渠道以适应其身心发展的需要。就当前而言，网络空间成为大学生精神需求的一大领域，易班则是自媒体环境发展与高校思想政治教育共同合力催生的一大平台。

人的全面发展是与社会的发展相一致的，因而，人是如何发展的，依托于一定的社会条件。社会正经历着科技、信息迅猛发展的时期，自媒体在当前环境下，实现日新月异的变革和发展。这是客观的社会环境，一切生活、教育、娱乐，均在信息化环境下进行着。人实现其全面发展，是一个漫长的、不断追求和探索的过程，在这个过程中，社会环境是其前行的依托。健康的、便捷的社会条件对人的全面发展起到促进、催化的作用，反之，则对人的全面发展起到阻碍的作用。易班作为高校思想政治教育的自媒体平台，是在当前信息技术发展的社会条件下，结合高校思想政治教育发展需要应运而生的。大学生如何发展，必然需要依托社会条件，其接受教育过程中，置身的各类环境、平台，都是对其身心发展其重要影响的社会条件。易班平台建立的初衷，就在于为大学生提供一个健康的信息互动与共享平台，在这个平台中实现思想教育、教育教学、生活服务、文化娱乐等功能，从而为大学生在实现全面发展的过程中提供良好的网络环境。

二、基于易班开展大学生思想政治教育的必要性与可行性

（一）必要性分析

习近平总书记在全国高校思想政治工作会议上强调：“做好高校学生思想政治工作，要因事而化、因时而进、因势而新。”在新媒体迅猛发展的时代环境下，人们的生活发生了巨大的变化。

首先，易班平台顺应新时期大学生思想政治教育发展需要。当前，整个社会都处于信息化环境下，自媒体平台环绕着人们日常的生活及工作，其便捷性、创新性、交互性，使得人们对自媒体的运用已成为不可逆转的趋势，且呈现不断更新变革的发展态势，人们的网络参与感，只会越来越强。大学生作为青年群体，其接收新鲜事务的积极性与可接受性是最强的，因而成为活跃在网络空间的一大群体。网络环境浩瀚无比，信息良莠不齐，如缺乏正确引导，则可能产生负面影响。易班平台正是基于当前的信息化环境及高校思想政治教育在新环境中面临的新任务而建立。

其次，易班平台是传统思想政治教育方式的进一步优化。思想政治教育是对大学生的思想意识、政治意识进行引导，对大学生的发展起关键作用。然而，思想政治教育内容的政治性、思想性内容，若缺乏一定的创新及优化，则难以激发学生的兴趣，达不到情感共鸣，其教育效果有限。运用自媒体平台则可打破原有僵化的、刻板的内容与方式，将思想政治教育贯穿于易班平台中，实现思想政治教育可视化、互动化、娱乐化，促进大学生在交互活动过程中，实现思想意识、政治意识的提升。易班平台将现代信息技术与教育教学内容进行结合，创新方式，这是对传统思想政治教育的有效优化。在高校中利用易班平台开展大学生思想政治教育，是提高思想政治教育有效性的一个新尝试。

（二）可行性分析

首先，易班平台受中央重视，推行顺利。上海是易班的发源地，2007年，上海市开始探索运用易班平台开展大学生思想政治教育。2010 年 8

月，新华社《国内动态清样》以《沪高校网上社区“易班”成为思政教育新地》为题，对上海一般建设情况进行报道。原中共中央总书记胡锦涛批示：要总结上海易班网上互动社区的经验，有效发挥对大学生的思想疏导作用。2013 年，原国家副总理刘延东批示：易班以学生需求为导向，创新学校思想政治教育方式，运用信息化手段引导舆论、资源共享、互动互助，成为引领学生健康成长的可靠平台，建议在全国的高校加以推广。2014 年，教育部明确“将易班建设成思想教育、教育教学、生活服务、文化娱乐为一体的大学生网络互动示范社区”。在中央、教育部的大力重视和支持下，易班的发展与推广顺利。

其次，易班平台逐渐成熟，技术应用顺利。在自媒体环境中，一个平台的技术是否成熟，用户体验感如何，直接决定了该平台能否得到应用及推广。易班平台成立至今已有十余年，在此过程中，其技术在不断完善、日趋成熟。当前，易班平台的后台技术、应用开发、平台界面等都较为稳定，其功能可较好地满足学校、学院、班级进行思想政治教育活动。良好的用户体验可以提高大学生在此平台的黏性，这是利用易班平台开展大学生思想政治教育的重要条件。学生愿意用，才能切实开展网络思想政治教育活动。

最后，突破传统形式，可接受性强。易班作为“大学生网络互动社区”，互动性是易班的主要特点。基于易班平台开展大学生思想政治教育有着较强的可行性，在于易班平台打破了思想政治教育的传统形式，以互动的、共享的方式实现思想意识及价值观念的引导。在网络空间中，大学生的互动参与，更为直接地参与到思想政治教育活动中，比起传统的灌输式思想政治教育，易班活动的可接受性更强。结合大学生身心发展特点，不断开发与大学生学生生活相贴切的思想教育轻应用，以喜闻乐见的形式展现，这是可行的，也是大学生乐于接受的。

三、基于易班开展大学生思想政治教育的原则

开展大学生思想政治教育是高校育人的重要内容，易班在新媒体环境

下是作为教育平台而存在的。

（一）遵循传统与与时俱进相兼容

创新教育模式开展思想政治教育活动，不代表完全摒弃传统。这里指的传统，一方面指内容，另一方面指形式。思想政治教育内容在时代环境中不断更新，但也有其基础性内容，对高校教育及学生成长起到基础指引作用，这一部分内容，是思想政治教育的传统性内容，不容时代的变化发展而被摒弃或淡化，爱国主义、集体主义意识等在任何时代环境下，都是引导和教育青少年发展的传统观念。易班作为新教育平台，其思想政治教育内容的充实，离不开传统的教育内容和思想观念。此外，从形式上讲，传统的理论灌输、文件解读等方式进行的是思想政治教育，虽容易引起大学生抵触，然而，传统的形式也有着新形势所难以比拟的优势，如文件的权威性、理论灌输的直接性等。

与时俱进，即是随着时代的发展不断发展，满足实际发展需要。基于易班开展思想政治教育，体现出高校思想政治教育在信息技术发展的时代环境下，创新思想政治教育模式，是与时俱进的体现。与时俱进不仅体现为一次创新或改革，创新难以一步到位，而是需要在探索过程中，结合实际情况和现实条件，不断进行调整和更新。易班平台在大学生思想政治教育过程中，依据社会环境变化、时事热点、理论导向等，以大学生喜闻乐见的互动体验形式，进行教育、熏陶、引导，这是提高思想政治教育实效性的途径。

（二）教育与自我教育相结合

教育学家叶圣陶提出：“教是为了不教”。教育与自我教育是一个相统一的过程。利用易班平台开展思想政治教育，是教育者与教育对象之间实现教育与自我教育的过程。易班平台可实现“校—院—班—个人”的四层级交互活动，因此，教育者在这个过程中，其起到教育引导作用，自上而下的活动设计、指导、组织等，这是易班开展思想政治教育的有效方式。此外，易班平台中的优课功能，是开展思想政治教育的便捷方式。利用优课平台的功能，实现教育、资料共享、互动等，从而达到一定的教育效果。在易班思想政治教育活动进行过程中，自我教育也应贯穿其中，统一进行。重视个人体验的教育模式，更是体现参与者的自我教育。在易班平台中，大学生在活动的参与、互动和共享过程中，实则是个人的自我教育过程。因此，运用易班开展思想政治教育，应坚持教育与自我教育相结合的原则，单向的教育无法得到较好的回应，单向的自我教育缺乏方向的指引，两者都难以达到较好的教育效果。

（三）工具性与人文性相统一

工具性以目标为导向，重视结果，强调以可采用的途径、方法，以实现其目的，多用量性考核。人文性强调价值，重视体验，重视过程中的情感熏陶、意识变化等，多用质性考量。运用易班平台开展思想政治教育，既需要坚持工具性原则，也需要人文性原则，两者兼而有之才能保证其效果。一方面，工具性原则指引思想政治教育工作应设立明确目标，并在目标导向下，有计划有步骤地进行目标的分解及活动的设计。而各校、各学院、各班级，为保证平台的有效运作，通过一定的量性指标考核，适当的奖励机制，可起到督促及激励作用。但是，单纯在工具理性原则指导下的思想政治教育工作过于刚性，往往难以对教育对象起到较好的吸引作用。工具性应当同人文性原则结合起来，才能相得益彰。人文理性指导下的易班思想政治教育，要重视大学生的情感体验，重视大学生的实际兴趣与需要，以柔性的方式，引导大学生参与活动。在这个过程中，自愿、兴趣、适度等是教育者应考虑的方面。只有坚持共享工具性与人文性相统一，刚柔并济，才能既吸引大学生兴趣，保证一定的教育基调。

易班平台是时代的产物。自大学生的活动场域发生转变之时起，思想政治教育就面临着转变阵地的境况，因而，易班平台应运而生。在高校思想政治教育过程中，易班平台突破以往任何传统模式，以崭新的模式，在信息化环境中，影响着大学生的学习与生活，起到方向的指引。

第三节 将团队心理咨询技术植入心理健康课程

团体咨询也称团体心理咨询，是在团体情境下进行的一种心理咨询形式，它是通过团体内人际交互作用，促使个体在交往中通过观察、学习、体验，认识自我、探讨自我、接纳自我，调整改善与他人的关系，学习新的态度与行为方式，以发展良好的适应的助人过程。随着我国内地改革开放的全面推进、以人为本管理理念的提出，团体心理咨询在近年来受到了一定重视，并运用于心理咨询、心理健康教育、管理培训等实际工作中。教育部办公厅关于《普通高等学校学生心理健康教育课程教学基本要求》指出，高校学生心理健康教育课程是集知识传授、心理体验与行为训练为一体的公共课程。这种课程性质决定心理健康教育课程并不是要传授刻板的理论知识，而应该以学生为主体，调动学生积极参与课堂活动，引导学生学习和获得生活经验。心理健康教育的课程性质决定了团体心理咨询引入课堂教学的可行性。

一、团体心理咨询运用于心理健康教育课程的优势

（一）增强心理健康课程的实践性和体验性

大学生心理健康教育并不是一种“填鸭式教学”，要求学生对心理健康知识的被动接受；相反，心理健康教育要求大学生不仅用脑思考，还要用手操作，用耳朵聆听，用心灵感悟，将团体心理咨询运用到心理健康教育课程恰巧创造了这样积极的条件。团体心理咨询中的各种活动形式例如案例分享、游戏活动、角色扮演等增强了心理健康教育课程的实践性和体验性。

（二）符合大学生的身心发展特点

大学生有团体生活的倾向，喜欢于自己去探寻、去追问、去创造，并

希望得到他人的认可和尊重。团体心理咨询中的小团体类似于一个微型的社会，团体成员可以向其他成员学习，并从团体成员的反馈中了解自己、洞察自己。在团体活动中，每一位成员都有平等、均等的活动交流机会，满足了大学生的身心发展的需要。

（三）有利于学生自我教育

心理健康教育不仅要教会学生心理健康调节知识和技巧，更要引发学生积极思考，协助学生发展成为一个成熟的并能自我实现的人。所谓“助人自助”，就是让大学生减少对别人的依赖性，增强他们的独立性和自主性，启发他们用自己的意志自主决策，使他们从“由他助”转向“自助自主”，从而掌握自己的命运。

二、团体心理咨询运用于心理健康教育课程的操作过程

（一）组成合作小组

教师在教学开始前要让学生自由组合成合作小组，每个小组人数均等（5~12 人），学生可以走下固定座位，或站着，或坐着，小组围成圈进行小组活动，互相交流分享，在彼此接纳互帮互助的环境中共同成长。老师经常在小组间穿梭，是课堂的引导者，而学生坐在哪儿都一样，都是课堂的主角。

（二）创设真实的问题情境，引导学生积极体验

在心理健康教育课程教学中，我们通过团体心理咨询的技术，选择恰当的、与主题相关的团体练习，例如通过案例、游戏、故事、现实的问题、心理测验、角色扮演等手段，为学生创设现实的问题情境，营造出一种愉快的学习氛围，从而激发他们学习的兴趣和热情。

（三）讨论分享

要能使心理健康教育获得真正的实效，教师需要带动学生参与到整个活动中，并亲身体验整个过程，然后让学生围在一圈自由发言，互诉心声，分享自己的感受和体验。通过学生的相互学习和启发，从而达到心灵

的成长。

（四）总结评价

在心理健康教育课程教学中，学生在参与团体心理活动后，每个学生的认识和体会都会有所不同，教师可以将这些认识和体会加以总结评价。同时，还应把心理健康教育延伸到现实生活情境中，让学生学会在实际问题中运用心理健康知识，维护自身心理健康，学会认识自我、接纳自我、表达自我。

三、团体心理咨询技术运用于心理健康教育课程的教学要求

（一）注意团体咨询的适用情况

由于实际教学班级过大，有的多达100~200人，这会使得教师在进行团体活动中难以控制整个局面，这时教师在课前就必须做好充分地准备，选择合适的团体活动进行教学设计，以保证学生之间能够达到充分的交流与互动。

（二）防止团体心理咨询的游戏化倾向

团体咨询活动经常需要借助于一些游戏活动来开展，但教师在选择游戏活动时不应停留在游戏的表面，为了游戏而游戏，使得团体咨询活动变成单纯的游戏活动；而应当注重学生在参与游戏活动时自身的体验和感悟，并引导他们和团体成员进行探讨和交流。实际上，每一个阶段的团体活动应当与前面或后面的活动互相衔接，并分别有具体的目标。总之，所有的游戏活动设置都是为了让学生在活动中学习，从而发展出个人经验。

（三）提高教师团体心理咨询专业技能

由于团体咨询人数多、人际关系复杂，小组动力千变万化，教师必须有足够的能力才能有效带领团体。未受专业训练的团体指导员不能为成员治疗和促进其成长，相反，会使成员在团体中受到伤害，因此，教师应不断提高自身的专业技能，促进高校心理健康教育更加科学有效地开展。

[1] 马克思恩格斯选集（第1卷）[M]. 北京：人民出版社，1995.

[2] 毛泽东选集（第3卷）[M]. 北京：人民出版社，1991.

[3] 梁簌溟. 中国文化要义 [M]. 上海：世纪出版集团，2003.

[4] 郑永廷. 思想政治教育方法论 [M]. 北京：高等教育出版社，1999.

[5] 邱伟光，张耀灿. 思想政治教育学原理 [M]. 北京：高等教育出版社，1999.

[6] 陈万栢，张耀灿. 思想政治教育学原理 [M]. 北京：高等教育出版社，2009.

[7] 郭本禹. 道德认知发展与道德教育：科尔伯格的理论与实践 [M]. 福建：福建教育出版社，2005.

[8] 罗洪铁. 思想政治教育研究 [M]. 成都：四川人民出版社，2002.

[9] 胡树祥，吴满意. 大学生社会实践教育理论与方法 [M]. 北京：人民出版社，2010.

[10] 郝登峰，等. 大学生就业创业理论与方法 [M]. 北京：人民出版社，2010.

[11] 卡普费雷. 谣言——世界最古老的传媒 [M]. 上海：上海人民出版社，2008.

[12] 桑斯坦. 谣言 [M]. 北京：中信出版社，2010.

[13] 谢尔. 微博力 [M]. 任文科，译. 北京：中国人民大学出版社，2010.
[14] 宫淑红，张洁. 媒介素养教育理论与实践 [M]. 济南：山东人民出版社，2010.
[15] 王喜荣，张晋昌. 理想教育概论 [M]. 吉林：东北师范大学出版社，1987.
[16] 中国德育杂志社. 当代中国德育研究新进展 [M]. 北京：人民教育出版社，2011.
[17] 李萍. 比较德育 [M]. 北京：中国人民大学出版社，2009.
[18] 苏霍姆林斯基. 给教师的建议 [M]. 杜殿坤，译. 北京：教育科学出版社，1981.
[19] 胡学常. 文学话语与权力话语-汉赋与两汉政治 [M]. 杭州：浙江人民出版社，2000.
[20] SELIGMAN M E P，CSIKSZENTMIHALYI M. Positive psychology：An introduction. In Flow and the foundations of positive psychology [M]. Dordrecht：Springer，2014.
[21] 尚妍. 大众传媒对大学生道德认知的影响研究 [D]. 武汉：华中农业大学，2007 (6).
[22] 范晓光. 道德话语的当代建构 [D]. 郑州：河南师范大学，2012.
[23] 揭晓. 网络环境下大学生主流意识形态认同面临的挑战及对策 [J]. 前沿，2014 (3)：133-135.
[24] 卢灿丽. 大学生廉洁文化建设分析及对策探析 [J]. 南方论刊，2014 (4)：41-43.
[25] 陈金军. 思想政治教育激励教育法的发展研究 [D]. 重庆：西南大学硕士毕业论文，2007.
[26] 苏兴. 大学生职业生涯教育与研究 [D]. 北京：中国石油大学硕士论文，2005.
[27] 彭文英. 大学生廉洁教育探析 [J]. 教育与职业，2014 (12)：12.
[28] 饶学开. 当代大学生廉洁教育探析 [J]. 学理论，2014 (3)：290-291.

[29] 付晓东. 关于增强大学生廉洁教育实效性的思考 [J]. 青年与社会，2014（12）：143-144.

[30] 略论当前大学生廉洁文化建设的问题与对策 [J]. 文化学研究，2013（34）.

[31] 徐雅芬. 论全面从严治党的新背景、新内涵及新实践 [J]. 湖北行政学院学报，2015（5）：83-87.

[32] 论全面从严治党视角下的高校宣传思想工作 [J]. 北京教育，2015（5）.

[33] 朱小蔓. 多元社会中的学校道德教育：关注学生个体的生命世界 [J]. 教育研究，2002（9）：8-12.

[34] 刘惊铎. 21 世纪中国学校德育的改革与探索 [J]. 教育研究，1999（1）：16-20.

[35] 苏旭. 大学生道德认知向道德行为转化问题研究 [J]. 内蒙古师范大学学报（社会科学版），2007（7）：75-77.

[36] 李兰芳. 马克思主义道德话语的境况及其建构 [J]. 学海，2010（11）.

[37] 罗国杰. 新时期思想道德建设的问题与对策 [J]. 中国人民大学学报，2000（5）.

[38] 牟永福. 社会语言学视野下的话语困境及其话语治疗 [J]. 学术月刊，2007（3）：21-27.

[39] 许敏燕，于希勇. 大学生网络德性话语建构 [J]. 学理论，2011（9）：228-230.

[40] 陆红梅，李军. 高校道德教育话语权创新及其实践途径 [J]. 黑龙江高教研究，2010（12）：147-149.

[41] 林滨. 从道德危机到存在危机——重建社会信任的思考 [J]. 道德与文明，2011（5）：37-43.

[42] 童伟中. 浅论情商培养与大学生素质教育 [J]. 现代教育科学，2006（4）：20-22.

[43] 周建国. 关系强度，关系信任还是关系认同——关于中国人人际交往的一种解释 [J]. 社会科学研究，2010（1）：97-102.

[44] 鲁小彬. 当代中国熟人间的人际交往——对人际信任和交往法则变迁的探讨 [J]. 中南民族大学学报，2006（1）：111-114.

[45] 胡锦绣. 当代大学生情商教育探析 [J]. 工作研究，2007（12）：69-70.

[46] 尚勇. 试论职业情感的科学界定 [J]. 理论观察，2007（1）：153-154.

[47] 刘峰，钟军，杨琳. 高校毕业生事业观教育的系统研究 [J]. 教育研究，2006（7）：38.

[48] 郑永廷，曾萍. 当代大学生的成长需要与高校思想政治教育的价值实现 [J]. 思想政治教育研究，2010（12）：94-99.

[49] 罗景凡. 浅析应试教育与素质教育之关系 [J]. 中国校外教育，2012（3）：101-102.

[50] 甘泉. 当代大学生理想教育的路径 [J]. 思想教育研究，2007（3）：35-37.

[51] 周明星，汪开英. 现代职业教育之理念探微 [J]. 郑州：河北师范大学学报，2003（4）：53-57.

[52] 杨叔子. 绿色教育：科学教育与人文教育的交融 [J]. 教育研究，2002（11）.

[53] 高宝立. 职业人文教育论 [J]. 高等教育研究，2007（5）：12-16.

[54] 戚玉兰，魏荣，张丽蓉. 自媒体时代高校思想政治教育的挑战与应对策略 [J]. 南昌航空大学学报（社会科学版），2017，19（2）：114-118.

[55] 陈玉. 高校网络舆论事件的传播动力学特征——基于十年样本库的分析 [J]. 中国青年研究，2015（3）：63-67.

[56] 陈正辉. 微时代的教育创新初探 [J]. 江苏高教，2014（4）：95-96.

[57] 解迎春. 知道与相信：透视微博谣言传播背后的个人建构 [J]. 新闻界，2014（5）：56-59.

[58] 朱松梅，任雁. 微博谣言产生的原因和辟谣机制——以 2011 年日本震后谣言为例 [J]. 新媒体，2011（6）：91-92.

[59] 焦德武. 微博舆论负面效应及其治理研究 [J]. 新闻界，2014

（17）：53-58.

[60] 陈正辉. 微时代的教育创新初探 [J]. 江苏高教，2014（4）.

[61] 高国伟，张光华. 微博环境下高校思想理论课教师媒介素养教育的叹息 [J]. 社会经纬，2013（4）：157-159.

[62] 刘群鑫，陈运动. 易班在高校网络思政中的实效性研究 [J]. 中国教育信息化，2015（8）：78-79.

[63] 宫领芳. 高校易班的网络引领力研究 [J] 科技创新导报，2014（9）.